Y RHWYG

Y RHWYG

Hanes y Rhyfel Mawr
yn ardal
Llanfair Pwllgwyngyll

1914 – 1932

Gerwyn James

Argraffiad cyntaf: 2013

ⓗ   Gerwyn James/Gwasg Carreg Gwalch

Rhif rhyngwladol: 978-1-84527-460-3

Ceisiwyd olrhain pob hawlfraint sy'n gyfredol,
os digwydd inni fethu gydag ambell lun, ymddiheiriadau.

Cynllun clawr: Olwen Fowler

Cyhoeddwyd gan Wasg Carreg Gwalch,
12 Iard yr Orsaf, Llanrwst, Conwy, LL26 0EH.
Ffôn: 01492 642031 Ffacs: 01492 641502
e-bost: llyfrau@carreg-gwalch.com
lle ar y we: www.carreg-gwalch.com

Cynnwys

Rhagair

Un o drychinebau mawr yr ugeinfed ganrif oedd y Rhyfel Mawr. Yn 1914 aeth ymerodraethau mawr Ewrop i ryfel. O fewn misoedd, trodd y rhyfel Ewropeaidd hwn yn rhyfel byd ac erbyn 1918 roedd miliynau o filwyr, morwyr a sifiliaid diniwed ar draws y byd wedi eu lladd a'u hanafu. Bwriad y llyfr hwn fydd edrych ar yr effaith y cafodd y rhyfel hwn ar un gymuned fechan ym Môn.

Hoffwn gydnabod fy niolchgarwch i nifer a'm cynorthwyodd gyda'r gwaith hwn. Yn gyntaf, y Dr William Griffith; un a fu am gyfnod maith yn ddarlithydd yn Adran Hanes, Coleg y Brifysgol ym Mangor. Roedd sylwadau Wil Griffith bob amser yn adeiladol ac yn dreiddgar. Hefyd hoffwn ddiolch i aelodau dosbarthiadau hanes lleol y cylch. Cafwyd sawl trafodaeth ddiddorol yn y dosbarthiadau hyn ynglŷn â'r Rhyfel Mawr, ac rwyf wedi gwerthfawrogi hyn yn fawr.

Hoffwn hefyd gydnabod y cymorth a gefais gan staff archifdai'r fro. Bu Mr Einion Thomas a staff Archifdy'r Brifysgol ym Mangor, a hefyd holl aelodau'r staff yn Archifdy Môn yn Llangefni, yn barod iawn eu cymwynas a'u cyngor. Yn yr un modd cefais gryn gymorth gan lyfrgellwyr y Brifysgol a chan staff Llyfrgell Cyngor Sir Môn ym Mhorthaethwy a Llangefni.

Diolch hefyd i bawb a roddodd ganiatâd i mi ddefnyddio'r lluniau, llythyrau a dogfennau eraill a gynhwyswyd yn y llyfr. Yn benodol carwn gydnabod Mr Idriswyn Roberts, Prifathro Ysgol Gynradd Llanfair Pwllgwyngyll, Archifdy'r Brifysgol, Archifdai Gwynedd a Môn, a hefyd y Cyngor Bro, ac Eglwys y Santes Fair, Llanfair Pwllgwyngyll. Hoffwn hefyd ddiolch yn arbennig i Mrs Elinor Imhoff, Mrs Lilian Roberts, Pwllheli, Cymdeithas Hanes Menter Mechell, Mr Cedric Jones, Mrs Menai

Howells, Mrs W.J. Lewis, Mrs Dilys James ac Urdd Gobaith Cymru am gael benthyg rhai eitemau sydd yn eu meddiant hwy. Yn olaf diolch i fy mrawd, Dyfed James, am rai o'r ffotograffau, ac i Ffion Jones am ddarllen y proflenni.

Ni chywirwyd yr iaith na'r orgraff mewn unrhyw ffynhonnell wreiddiol.

Gerwyn James
Ebrill 2013

Llanfair Pwllgwyngyll: Cronoleg
1914 – 1932

1914 – 4 Awst. Prydain yn mynd i ryfel yn erbyn yr Almaen.

1915 – 15 Mehefin. Cyfarfod cyntaf Sefydliad y Merched yn y Graig.

1916 – Rhagfyr. David Lloyd George yn dod yn Brif Weinidog.

1917 – Tachwedd. Sefydlu cangen o Undeb Gweithwyr Môn yn Llanfair.

1918 – John Morris-Jones yn cael ei urddo'n farchog.

1918 – 11 Tachwedd. Y Cadoediad.

1918 – 14 Rhagfyr. Etholiad Cyffredinol. Ethol Syr Owen Thomas yn A.S.

1919 – 28 Ionawr. Sefydlu cangen o'r Cymrodyr yn Llanfair.

1919 – 27 Chwefror. Cyfarfod cyhoeddus cyntaf i drafod y mater o godi cofeb.

1919 – 19 Gorffennaf. Diwrnod dathlu'r Heddwch ym Mharc Plas Newydd.

1919 – Ebrill. 29 o ymgeiswyr ar gyfer etholiad y Cyngor Plwyf.

1920 – 5 Chwefror. Agor yr Hen Ysgol Fwrdd fel neuadd i'r Cymrodyr.

1921 – Y Parch. J. J. Evans yn dod yn weinidog i gapel Rhos y Gad.

1921 – 26 Mai. Dadorchuddio cofeb Capel Rhos y Gad.

1921 – Mehefin. Agor neuadd newydd Sefydliad y Merched.

1921 – 11 Tachwedd. Dadorchuddiwyd cofeb Capel Ebeneser.

1921 – Medi. Ail-gychwyn y Clwb Pêl-droed, sef Y Chocolates.

1921 – Mehefin. Y W.I. yn symud i'w cartref newydd ger y Tolldy.

1922 – Mawrth. W. T. Prytherch yn cael ei ethol yn Gynghorydd Sir.

1923 – 18 Ionawr. Dadorchuddio cofeb Eglwys y Santes Fair.

1923 – Tachwedd. Agor Cofeb Dewrion Gogledd Cymru ym Mangor.

1924 – Y Chocolates yn ennill Cwpan Môn a Chwpan Dargie.

1925 – 3 Mehefin. Cyhoeddi Eisteddfod Môn.

1926 – Sulgwyn. Eisteddfod Môn yn Llanfair.

1929 – Mai. William Edwards yn Ymgeisydd Llafur yn yr etholiad cyffredinol.

1929 – Medi. Marw'r Parch J. J. Evans.

1930 – Dechrau codi estyniad i'r Neuadd Goffa.

1930 – 23 Rhagfyr. Agoriad swyddogol y Neuadd Goffa.

1932 – Arwerthiant Plas Newydd.

1932 – 8 Hydref. Dadorchuddio'r Cloc.

1932 – Tachwedd. Y Cyngor Plwyf yn prynu'r Gors.

1

CEFNDIR

Ardal wledig dawel Gymraeg a Chymreig fu Llanfair Pwllgwyngyll, Llanedwen a Phenmynydd ar hyd y canrifoedd. Yn 1911 roedd poblogaeth y cylch oddeutu 1,500, gyda nifer o boblogaeth y fro yn dibynnu ar amaeth am eu bywoliaeth. Llanfair oedd y pentref mwyaf yn yr ardal, gyda 962 o bobl yn byw yma. Llanfair hefyd oedd canolbwynt bywyd masnachol y fro. Yma roedd prif orsaf y cylch, a nifer o siopau bychain o bob math yn cyflenwi'r ardal amaethyddol o'i chwmpas. Roedd Llanfair hefyd yn ardal anghydffurfiol gref – roedd gan bob un o'r enwadau gapel yma. Yn Rhos y Gad y deuai'r Methodistiaid ynghyd, a'r Hen Gorff oedd yr enwad cryfaf o bell ffordd yn y fro hon. Roedd yr Annibynwyr yn cyfarfod yng nghapel bach Ebeneser yn y Pentre-Uchaf; y Wesleaid yn Salem, a'r Bedyddwyr yng nghapel Pencarneddi ym mhentref bychan Star, filltir i'r gorllewin ym mhlwyf Penmynydd. Yn 1914 roedd trigolion y cylch yn dal i gofio am ddigwyddiadau cynhyrfus 1904-05. Cafwyd Diwygiad nerthol yma, ac ar noson braf ym mis Gorffennaf 1905, fe ddaeth Evan Roberts ei hun yma, i bregethu o flaen torf o 6,000 ar gaeau Siglan. Yr unig ryfel a fyddai'n cael ei ymladd yn y parthau hyn drwy gydol y bedwaredd ganrif ar bymtheg fyddai Rhyfel yr Oen.

Ond yr oedd yma, serch hynny, rhyw fath o draddodiad milwrol yn perthyn i'r ardal. Fe enwyd un o strydoedd Llanfair, sef Alma Terrace, er cof am frwydr Alma. Yn wir, y mae sawl stryd a theras ym Môn wedi eu henwi ar ôl y frwydr arbennig hon o gyfnod Rhyfel y Crimea. Ceir Stryd Alma yn nhref Biwmares, a Theras Alma yn Llangefni.

Ond roedd yna ryfelwyr o fri yn byw yn y cylch. Roedd teulu'r Paget o Blas Newydd yn un o deuluoedd milwrol amlycaf y deyrnas. Yn wir, roedd Henry William Paget (1768–1854), yr Ardalydd cyntaf, yn enwog drwy'r wlad am ei orchestion yn y rhyfelodd yn erbyn Ffrainc. Fe'i cofir yn bennaf am ei ran ym mrwydr Corunna yn 1809 ac yna yn Waterloo yn 1815. Yno y collodd ei goes, ac fe gododd trigolion diolchgar Môn gofgolofn anferthol er cof am ei wrhydri, ac mae'r Tŵr Marcwis yn dal i sefyll hyd heddiw. Ond roedd yna aelodau eraill o'r teulu hefyd yn amlwg fel milwyr. Roedd George Augustus Frederick Paget (1818–1880), chweched mab yr Ardalydd cyntaf hefyd yn arwr. Bu ef yn amlwg ym mrwydr Balaclafa, yn ystod Rhyfel y Crimea.

Llyngesydd oedd ei frawd, sef yr Arglwydd Clarence Edward Paget (1811–1895). Bu ef hefyd yng nghanol y brwydro yn ystod Rhyfel y Crimea – yn y Baltic yn bennaf. Ar ôl iddo ymddeol o'r Llynges fe ymgartrefodd ym Mhlas Llanfair, ac ef a luniodd y cerflun enwog o'i arwr mawr, Nelson, sy'n sefyll ar lan y Fenai. Roedd yna hefyd nythaid o gyn-filwyr yn rhengoedd mân-uchelwyr y fro: dynion fel Cyrnol William Peacock, Plas Llanfair, Capten George William Bulkeley-Hughes, Carreg Bran, (1832–1877), Capten Mansel Morgan, Plas Coed Môr (1836–1900), y Milwriad Robert ap Hugh Williams, Llwyn Onn (1849–1897) a Cyrnol Stapleton-Cotton, yntau hefyd o Blas Llwyn-Onn.

Ond, boneddigion Seisnig Anglicanaidd oedd y mwyafrif o'r dynion hyn, ac ychydig o ddylanwad a gawsant ar drigolion ifanc y fro. O ganlyniad, ychydig o fechgyn Llanfair a fentrodd i fyd y fyddin yn ystod oes Fictoria. Hefyd, rhaid cofio fod dylanwad dynion fel Henry Richards, yr Apostol Heddwch, yn gryf iawn yn y cyfnod hwn, ac o ganlyniad doedd yna neb 'parchus' yn ymaelodi â'r lluoedd arfog. Cyn-garcharorion a charidyms eraill oedd mwyafrif llethol y milwyr cyffredin. Yr unig un o drigolion gwerinol Llanfair a wnaeth enw iddo ef ei hun fel milwr yn ystod y blynyddoedd hyn oedd

y Cadben Robert Williams – a bu ef yn aelod o fyddin UDA.
Yn ystod y 1850au bu'n brwydro yn erbyn llwythau brodorol
megis yr Yakimas yn nhaleithiau Oregon a Washington.
Yna, ar ôl ymddeol, fe dorrodd y Rhyfel Cartref allan, ac fe
ymunodd Williams â byddin y Gogledd. Bu'n bresennol ym
mrwydrau Wilson's Creek, Fort Donelson, Shilo, Jackson,
Vicksburg a Tupelo. Fe'i cymerwyd yn garcharor ar ddydd
cyntaf brwydr Shilo a bu'n garcharor rhyfel am chwe mis.

Mae'n bwysig i ni gofio hefyd fod rhyfeloedd yn ystod
cyfnod Fictoria, yn rhywbeth a ddigwyddai ym mhen draw'r
byd – mewn llefydd pell, egsotig a phoeth fel yr India ac
Affrica. Yr oedd nifer o'r pentrefwyr mae'n debyg yn cofio
Rhyfel y Boeriaid (1899–1902), a'r adeg honno roedd trwch
capelwyr Llanfair, fel David Lloyd George, arwr mawr
Rhyddfrydwyr Cymru, yn gadarn yn erbyn y brwydro.
Roedd rhai yn wir yn cefnogi trigolion De Affrica, ac yn cael
eu hystyried yn 'Pro-Boers' gan bapurau Torïaidd megis y
North Wales Chronicle. Ond, er y ffraeo a'r dadlau am dde
Affrica, yr atgof mwyaf o'r ymgyrch arbennig honno mae'n
debyg, oedd y miri a'r rhialtwch a gafwyd pan gyhoeddwyd
y newydd am ryddhad Mafeking ym Mai 1900. Y noson
arbennig honno daeth yr holl bleidiau a'r enwadau ynghyd i
ddathlu'r ffaith fod trigolion y dref wedi eu rhyddhau.

> **Mafeking** – Nid ydym yn gwybod i ni erioed weled
> amgylchiad ag yr oedd pawb o bob oed ac o bob
> sefyllfa yn ymdoddi mor rhwydd yn yr un teimlad
> hwnnw o lawenydd ar dderbyniad y newydd o
> 'Rhyddhad Mafeking' yn annibynnol ar bob plaid a
> gwahaniaeth barnau am y rhyfel. Mae yn ymddangos
> fod rhai wedi cael y newydd rhywbryd cyn deuddeg
> o'r gloch nos Wener, ac yn eu mawrfrydigrwydd
> cawsant fagl-dyrch, a chan ganu a bloeddio cymaint
> ag a gofid o bob can deyrngarol. Ymdeithiasant o

amgylch ac o gylch y lle gan ddiweddu ar lan y môr yn Mhwllfanog. Clywsom iddynt daflu un delw oeddynt wedi ei bedyddio yn 'Kruger' i'r Afon Menai, lle nas gwelwyd hi drachefn. Dydd Sadwrn, aeth rhai o'r cyfeillion o gwmpas i gasglu at gael bonfire a fireworks y noson honno. Derbyniasant bob sirioldeb a chyfraniadau gab Meistri H. Clegg, Y.H., T. Watts, W. E. Jones, D. Richmond, Sorrell, H. Williams, W. G. Alderson, J. Gibbs, G. Thomas, D. Madoc Jones, Owen Williams, O. Jones, J. Mathews, E. Llywelyn, Railway Hotel; a Mrs Jones, Penrhos Arms. Rhoddwyd 'paraffin oil', a sacheidiau o ddefnydd coelcerth, a chyfraniadau, yn nghyda chynhorthwy i ddathlu yr amgylchiad yn ychwanegol gan Meistri W. A. Thomas, W. R. Jones, T. D. Charles, J. Owen, J. S. Thomas, R. E. Pritchard, J. Wilson, W. Fair, ac eraill. Taniwyd coelcerth anferth ar y gors, ac yn ymyl y National School anfonwyd i fyny gwerth arian o 'Roman Candles', 'rockets', 'flywheels', 'squibs', etc. Yna ffurfiwyd gorymdaith, a'r mwyaf yn cario ffagl-dyrch, a chanwyd 'Ymdeithgan Gwŷr Harlech', ac aeth pawb adref yn gynnar cyn deuddeg o'r gloch. Yr oedd Mr Robert Thompson, Butcher's Arms, yn cael ei gynorthwyo gan y Meistri Moor, H. Pretty, W. J. Pretty, S. Stockton, G. Thompson, R. Jones, a H. Williams, wedi darparu cyflawnder o 'fireworks' yno hefyd; ac yr oedd 'dyn gwellt' wedi ei wisgo yn gampus ganddynt ar lun 'Cronje', gyda phibell yn ei geg yn hamddenol fwynhau ei hun fel y tybid, nes i'r 'paraffin' oedd ynddo deimlo tan y bibell yn agoshau yn nes ato. Gwnaeth ddelw Cronje goelcerth gampus, oedd yn goleuo fel ag i'w weled o bell. Diangodd Mrs Cronje, meddir, cyn i neb weled ei cholli. Deallwn na fu dim anaf i neb drwy yr holl lawenychiadau.

Gwalia, Dydd Mawrth, 29 Mai, 1900

Yn 1902 daeth Rhyfel y Boeriaid, a'r ffraeo a'r cyffro, i ben, a buan yr anghofiwyd am yr holl helyntion. Ond, yn 1914, yr oedd y sefyllfa yn amlwg yn dra gwahanol. Ar 28 Mehefin, 1914, fe lofruddiwyd yr Archddug Franz Ferdinand, etifedd ymerodraeth fawr Awstria-Hwngari gan Gabrilo Princip, myfyriwr ifanc o Fosnia, a hynny ar un o strydoedd dinas Sarajevo. O fewn wythnosau roedd prif bwerau Ewrop yng ngyddfau'i gilydd. Yr Almaen ac Awstria-Hwngari ar un ochr; Prydain, Ffrainc a Rwsia yn eu gwrthwynebu. Roedd Lloyd George, Canghellor y Trysorlys yn Llywodraeth Asquith, yn amlwg yn bryderus ynglŷn â'r sefyllfa, ac fe geisiodd wneud ei orau glas i gadw Prydain allan o'r miri. Ar 3 Awst, 1914, fe anfonodd lythyr adref at ei wraig yng Nghricieth – llythyr sy'n dangos y pryder a'r gwewyr yr oedd yn ei deimlo ynglŷn â'r syniad o fynd i ryfel.

> 3 August 1914
>
> I am moving through a nightmare world these days. I have fought hard for peace & succeeded in keeping the Cabinet out of it but I am driven to the conclusion that if the small nationality of Belgium is attacked by Germany all my traditions & even prejudices will be engaged on the side of war. I am filled with horror at the prospect. I am even more horrified that I should ever appear to have a share in it but I must bear my ghastly burden though it scorches my flesh to do so.

Am hanner nos y diwrnod canlynol, sef 4 Awst, 1914, yn dilyn ymosodiad yr Almaen ar Wlad Belg, fe aeth Prydain i ryfel yn erbyn yr Almaen. Roedd y Rhyfel Mawr wedi cychwyn. Dechreuodd un o'r cyfnodau mwyaf erchyll a gwaedlyd yn hanes y ddynoliaeth. Yng ngeiriau'r llenor, y Dr Emyr Humphreys, o Ben y Berth, Llanfair Pwllgwyngyll:

Yn sydyn, ar draws heddwch diderfyn y prynhawn hir Fictoraidd, aeth y bydysawd yn wallgo. Fel peiriant direol heb yrrwr, heb gyfeiriad a heb ystyr, fe ddaeth y cerbyd rhyfel ar draws y ffurfafen i draflyncu'r gwŷr ieuainc am byth.

Yr Awst hwnnw yn Llanfair, fel ymhob man arall yn y deyrnas, fe foddwyd yr ardal gan don fawr o wladgarwch a jingoistiaeth. Prin y clywyd cyfarthiad ci yn erbyn yr ymgyrch fawr. Crëwyd undod rhyfeddol o fewn y gymuned, a hynny yn llythrennol dros nos. Diflannodd y rhwygiadau enwadol a gwleidyddol a oedd wedi rhannu'r gymuned ers cyn cof – undod a chytgord bellach fyddai'n teyrnasu. Yr oedd pawb o blaid y rhyfel – y Rhyddfrydwyr, y Torïaid, y capelwyr a'r Eglwyswyr. Pawb. Neu, o leiaf, dyna'r argraff a gawn o ddarllen papurau newydd lleol o'r cyfnod.

Ond sut mae egluro hyn? Y mae dau ffactor i'w hystyried. Yn gyntaf, yr oedd Llanfair a'r cylch yn ardal Ryddfrydol gref. Asquith oedd wrth y llyw yn 1914, ac yr oedd David Lloyd George yn un o'i weinidogion amlycaf. Yr oedd Dafydd Llwyd Siôr wedi bod yn arwr mawr yn lleol ers dyddiau cynnar Cymdeithas Cymru Fydd ac yn y pentref, un o brif gefnogwyr Lloyd George, ac un o brif ladmeryddion y rhyfel oedd John Morris-Jones. Erbyn 1914, yr oedd yn ffigwr cenedlaethol, yn gyfaill agos i Lloyd George, ac yn un o hoelion wyth y sefydliad Rhyddfrydol yng Nghymru. Yng ngholofnau'r *Beirniad* yn Hydref 1914, fe lambastiodd John Morris-Jones yr Almaen. Yn ôl yr Athro, yr oedd polisi'r Almaen yn gwbl glir, sef:

Gorseddu duw rhyfel ar y ddaear am genedlaethau; y Llywodraeth yn llaw'r blaid filwrol, a seneddau wedi eu tagu neu eu dileu; y wasg yn gaeth, a'r gweithiwr yn gaethwas. Y mae'r rhyfel yn erbyn y gallu hwn heddyw yn rhyfel santaidd, yn rhyfel i amddiffyn rhyddid, yn rhyfel o blaid heddwch.

Yn ôl Lloyd George, John Morris-Jones a'r Rhyddfrydwyr felly, yr oedd y rhyfel yn un a oedd yn werth ei hymladd. Roedd hon yn frwydr dros ryddid, democratiaeth, a chwarae teg – sef yr hen werthoedd Rhyddfrydol. Yr oedd yr ail reswm yn ymwneud â chrefydd, gan fod Llanfair, ers canrif a rhagor, yn bentref Methodistaidd amlwg, nepell o Frynsiencyn, sef cartref y Parch. John Williams, pregethwr mwyaf grymus a dylanwadol yr Hen Gorff. Roedd John Williams, Brynsiencyn, fel John Morris-Jones, hefyd yn un arall o gefnogwyr mawr Lloyd George. O ganlyniad, fe lwyddodd arweinwyr y sefydliad Rhyddfrydol, yn ddeheuig iawn, i ddangos mai rhyfel gyfiawn oedd hon. Rhyfel sanctaidd o blaid y gwareiddiad Cristnogol – ac o blaid y cenhedloedd bychain, megis Serbia a Gwlad Belg.

2

RECRIWTIO

O fis Awst 1914 ymlaen, fe bregethwyd o blaid y rhyfel hyd syrffed o'r pulpudau, yn y ffeiriau, yn y wasg leol, ac mewn llu o gyfarfodydd recriwtio. Un o'r rhai cyntaf o'r cylch i gynnig ei hun i'r Fyddin oedd Ardalydd Môn, ac yn ystod dyddiau cyntaf y rhyfel fe ailymunodd â'i hen gatrawd, y *Royal Horse Guards*. Treuliodd yr Ardalydd weddill y cyfnod cythryblus hwn yn gweithredu fel Cadweinydd, neu *Aide de Camp* i Lywodraethwr yr Aifft, ac wedi hynny mewn swydd gyffelyb yn yr Iwerddon. Roedd y Marcwis hefyd yn gobeithio y byddai rhai o'i weithwyr yn dilyn ei esiampl, ac felly fe gyhoeddodd y byddai pob un o weithwyr Plas Newydd, rhwng 20 a 30 oed, a fyddai'n listio yn y Lluoedd Arfog yn derbyn hanner eu cyflog tra byddent i ffwrdd yn ymladd. Roedd yna addewid hefyd y byddai'n gofalu am deuluoedd y milwyr hyn yn ystod eu habsenoldeb. Roedd yr Ardalydd felly wedi rhoi cychwyn ar bethau. Un arall brwd iawn oedd y Cyrnol R. S. G. Stapleton-Cotton, Llwyn Onn, yntau fel yr Ardalydd yn gyn-swyddog yn y Fyddin. Bu'n annerch llu o gyfarfodydd cyhoeddus cyn troi ei sylw at yr ysgolion, ac yn ystod dyddiau cyffrous Awst 1914, roedd hyd yn oed plant ysgol yn rhan o'r ymgyrch fawr. Yn Llyfr Log Ysgol y Cyngor (11 Medi, 1914) cawn y cofnod canlynol:

> School visited by Col Cotton to ask the children to distribute circulars announcing a meeting to encourage young men to enlist for Kitchener's Army.

Yna dridiau yn ddiweddarach, sef 14 Medi, 1914:

> A list put up in school of all ex-scholars who have enlisted after the declaration of war.

Yn yr Ysgol Genedlaethol (neu'r Ysgol Fyny) – sef yr ysgol eglwys yn y Pentre' Ucha', fe ddefnyddiwyd dulliau ychydig mwy cynnil i godi ymwybyddiaeth o'r hyn a oedd yn digwydd ar gyfandir Ewrop:

> The Geography taken this year in Standards V – VII is that of Europe in order to enable the children to follow events in connection with the War with an intelligent interest. (Llyfr Log, 20 Awst, 1914).

Yr wythnos ganlynol cawn y cofnod hwn:

> A period of about 10 minutes each morning is devoted to the reading of War News of the day taken in conjunction with the War Map put up in the Schoolroom. (Llyfr Log, 26 Awst, 1914).

Ond yn rhyfedd iawn, ychydig iawn o effaith a gafodd yr holl weithgarwch hwn ar yr ymgyrch recriwtio yn Llanfair a'r cylch. Yn y misoedd cyntaf, araf iawn fu'r bechgyn lleol i ymateb i'r alwad. Ar y llaw arall, brwdfrydig dros ben oedd y dynion ifainc yn y trefi a'r dinasoedd mawr – yno roeddent yn ymuno â'r lluoedd arfog yn eu miloedd. Yn Lerpwl, ar ddechrau'r rhyfel, er enghraifft, fe adroddwyd fod 1,000 wedi listio mewn un diwrnod. Ym Môn, trigain yn unig a ymunodd â'r fyddin yn ystod Awst 1914, ac yn eu plith un o Lanfair, sef Robert Williams ac un Robert Parry o blwyf Penmynydd. Ond, fe ymddengys mai William Williams, Ty'n Cae oedd y cyntaf o Lanfair i ymrestru yn y lluoedd ar gychwyn y rhyfel, a hynny fel aelod o'r Llynges. Yn raddol, fe gynyddodd y niferoedd. Erbyn diwedd Hydref, yr oedd 18 o fechgyn y plwyf wedi listio, ac erbyn Ebrill 1915 yr oedd y nifer wedi chwyddo i 51. Yr oedd chwech yn y Llynges, a'r gweddill yn y Fyddin – y mwyafrif llethol ohonynt yn filwyr

1914 - Recriwtio ar gyfer byddin Kitchener

traed yn rhengoedd y Ffiwsilwyr Cymreig. Doedd hyn ddim
yn synnu'r Parch. R. R. Hughes, gweinidog Methodist
Niwbwrch. 'Araf iawn,' meddai, 'oedd bechgyn parthau
gwledig Môn i ymrestru, ni wna'r bechgyn sy'n arfer gyrru'r
wedd ddim yn fyrbwyll.' Ond, doedd yr arafwch hwn ddim
yn plesio arch-recriwtiwr y Llywodraeth ar yr ynys – sef y
Parchedig Gyrnol John Williams, Brynsiencyn. Roedd John
Williams yn ganolog i'r holl ymgyrch ym Môn, ac roedd
wedi perswadio'i gyd-Fethodistiaid i ddilyn yr un llwybr. Yn
wir, roedd gweinidogion yr Hen Gorff gyda'r mwyaf
brwdfrydig o recriwtwyr yr ynys.

Ar y Sgwâr yn Llangefni yn Nhachwedd 1915, fe daranodd
yn erbyn y diffyg brwdfrydedd a welai o'i gwmpas ym Môn:

> Chwi fechgyn gwridgoch Môn, wnewch chi adael i
> fechgyn gwyneblwyd y trefi aberthu eu bywydau i'ch
> cadw chi yn groeniach? Wnewch chi adael i'ch brodyr

John Williams yn lifrai'r milwr

groesi'r weilgi o'r America a Chanada ac Awstralia, a
chwithau yn trigo yn ddiofal yn ymyl? Gaiff yr Indiaid
melynddu ddod yma wrth y miloedd i ymladd dros
eich rhyddid a'ch iawnderau chwi, a chwithau'n
ymdorheulo mewn cysur a chlydwch? Byddwch
ddynion. Sefwch i fyny yn eofn dros eich gwlad, dros
eich rhyddid a thros eich Duw.

Un arall o'r un anian â John Williams oedd y Parchedig T. C.
Williams MA, gweinidog Capel Mawr y Borth. Yn ystod
wythnos gyntaf y brwydro aeth ar daith recriwtio i Nefyn.

Gan fod ganddo gyhoeddiad y Sul canlynol methodd fod yn bresennol mewn cyfarfod cyhoeddus a gynhaliwyd ar y nos Sadwrn, ond fe anfonodd nodyn yn ymddiheuro. Mae'n werth dyfynnu'r llythyr yn ei gyfanrwydd.

Annwyl Syr,
Y mae'n ofidus iawn genyf nas gallaf fod yn bresennol yn eich cyfarfod nos Sadwrn, Medi 5ed. Yr wyf mewn cydymdeimlad llawn a chalonog â'i amcan.

Casheir rhyfel gan y mwyafrif o ddynion, ac yn arbenig genym ni y Cymry. Gallwn fel cenedl ymffrostio mewn traddodiadau ardderchog ynglyn a brwydro yn y gorphenol, ond er's cenedlaethau bellach mae ein meddyliau wedi troi o blaid yr hwn sydd yn llawer mwy dymunol, sef heddwch.

Ond yn yr argyfwng presenol, y mae dyledswydd pob dyn rhydd ac iach yn hollol glir ac uwchlaw amheuaeth. Nis gallem gadw ein hunain allan o'r rhyfel bresenol heb wnêyd cam â'n henw da am byth; a chan ein bod ar y maes, rhaid i ni ddo'd allan a buddugoliaeth o'n tu. Nid ar unwaith y llwyddwn. Achosir llawer o dristwch ac amheuon. Trethir ein hadnoddau mewn dynion ac arian hyd yr eithaf. Y mae yr ymdrech yn un ddifrifol bwysig i wneyd i ffwrdd a bygythion arfau o'r byd.

Fel gweinidog i Grist, yr wyf yn llawenhau fod y deyrnas ar ei gliniau, ac fod mwyafrif mawr ein pobl yn cadw eu pennau. Ymddygiad teyrngarol hefyd ydyw eiddo y rhai sydd yn llafurio i gadw pethau i fynd, ac i gynorthwyo y tlawd. Ond y mae yr alwad yma yn alwad uchel arnom i gymeryd arfau, ac yr wyf yn hyderu na bydd Cymro ar ol. 'Yr hwn nid oes ganddo gleddyf, gwerthed ei bais, o phryned un.'

Duw a'n hamddiffyno fel Brenin a deiliaid, ac a

Lloyd George a'r Parchedig T. C. Williams

brysuro lwyddiant ei deyrnas ei hun, yr hon sydd deyrnas heddwch dros byth.

Y Goleuad, 11 Medi, 1914

Un arall o weinidogion yr Hen Gorff a fu wrthi'n hybu'r neges oedd y Parch. W. J. Jones. Gŵr yn enedigol o Lanfair oedd W. J. Jones, neu Wil Samson fel y'i gelwid yn lleol, ond yn ystod y Rhyfel Mawr bu'n athro ac yn weinidog ar Ynys Enlli. Fe ddefnyddiodd ef ei ddawn farddonol i geisio dylanwadu ar ieuenctid y wlad, gan bwysleisio mai rhyfel o blaid y gwledydd bychain oedd hon mewn gwirionedd.

Penderfyniad y Bachgen Dewr

Yn nhawelwch dwfn y mynydd,
Draw ym mhell o sŵn y dref,
Safai bachgen ieuainc gwylaidd,
Gan glustfeinio am 'y llef'.

Llanwai hiraeth trwm ei galon,
Ac ochneidiai tros ei wlad
Gan ddymuno'n ing ei enaid
Am wel'd bore ei ryddhad.

Trodd ei olwg tua'r Dwyrain,
Ganwyd gobaith yn ei fron
Pan gusanwyd godreu'r cwmwl
Gan yr haul, mor iach a llon;
Wylai gynt wrth weled cyni
'Gwledydd bach,' ymdrechgar, syn;
Ond newidiwyd ofn, am obaith
Yn nistawrwydd pen y bryn.

Adrodd wnaeth y llanc ei brofiad,
A dywedai'n gryf ac iach,
Amddiffynaf finnau hefyd
Ryddid, moes 'y gwledydd bach'.
Os daw'r gelyn brwnt i'w sarnu,
Rhoi fy mywyd wnaf pryd hyn,
Marw wnaf wrth marw felly,
Fel gwnaeth Arwr Pen y Bryn.

Y Gymraes, Gorffennaf 1916

Ond, chafodd tactegau John Williams, Brynsiencyn a'i debyg, o geisio codi cywilydd ar y bechgyn fawr o lwyddiant. Erbyn Gorffennaf 1915, fe adroddwyd mai 1,063 o ddynion yr ynys oedd wedi ymuno â'r lluoedd. Sylw'r awdurdodau oedd mai: 'Lled anfoddhaus yw hyn.' Amcangyfrifir mai oddeutu 80 o ddynion a bechgyn Llanfair a'r cylch oedd wedi ymrestru'n wirfoddol yn y cyfnod cyn i'r Ddeddf Orfodaeth ddod i rym yn 1916. Ar gyfartaledd yr oedd hyn oddeutu un gwirfoddolwr yr wythnos. Rhwng 1916 a 1918, fe ymunodd tua 120 arall, gan wneud cyfanswm o ryw 200 i gyd. O dan orfodaeth felly, ac nid o'u gwirfodd, yr ymunodd y mwyafrif llethol o fechgyn y fro â'r lluoedd arfog yn ystod y Rhyfel Mawr. Digon tebyg oedd pethau yn y rhan fwyaf o Wynedd wledig.

Ond, sut mae egluro'r ymateb llugoer hwn? Wedi'r cyfan, lleiafrif bychan iawn oedd yn agored yn eu gwrthwynebiad i'r rhyfel. Diolch i ymdrechion y Parch. T. C. Williams, fe lansiwyd ymgyrch rymus iawn yn erbyn y gwrthwynebwyr cydwybodol yn y cylch. Wrth annerch y Gwirfoddolwyr yn Ebrill 1916, yr oedd Williams yn bur gondemniol o'r conshi. Yn ôl yr *Holyhead Chronicle*: '... Mr Williams said that it was a singular thing that some men had found for the first time in their lives that their consciences were of any use to them.'

Un esboniad o bosib yw cryfder y traddodiad ymneilltuol yn y fro, a'r ffaith nad oedd y capeli yn oes Fictoria yn ystyried y Fyddin yn alwedigaeth 'barchus' i lanc ifanc. Hefyd, rhaid cofio fod Diwygiad grymus 1904-05 o bosib wedi cryfhau'r teimladau hyn, ac nid dros nos y byddai traddodiad o'r math hwn yn cael ei ddisodli. Efallai mai'r dynion ifainc yma bellach oedd gwir etifeddion y traddodiad anghydffurfiol Cymreig. Mae sylwadau Ifan Gruffydd, Llangristiolus, yn ein hatgoffa o agwedd pobl cefn gwlad Môn tuag at filwyr a byddinoedd.

> Pethau pell iawn a phethau estronol hefyd i ni y pryd hynny oedd milwyr a byddinoedd, a rhyfeloedd, a phopeth militaraidd felly. Nid oedd a wnelo ni ddim â nhw – pethau'r Saeson oeddynt a gwaith Lloegr oedd rhyfela, a ninnau i glywed am eu gorchestion. Er i ni hefyd edmygu a rhyfeddu wrth weld milwyr wedi ymddangos ar ddydd marchnad yn Llangefni unwaith mewn canwaith efallai, a'i weld yn hardd iawn mewn côt goch a throwsus glas a rhes goch ar hyd hwnnw a chap melfad ar ei ben, ni pherchid y milwr y pryd

hynny fel y perchir ef heddiw. Edrychid arno fel un wedi dewis y bywyd i osgoi'r cyfrifoldeb o fyw'n barchus. Felly rhywun i sôn amdano ymhlith y pethau eraill wrth y bwrdd swper ar noson ffair ydoedd, ac aed i'r fan a fynno wedyn.

Ifan Gruffydd, Y Gŵr o Baradwys, 1963

Ond efallai fod yna ddehongliad arall hefyd. Mae'n bwysig i ni gofio mai'r dynion ifainc hyn fyddai'n gorfod gwneud y gwaith caled ac erchyll o ymladd yr Almaenwyr. O fewn dim, fe ymddangosodd straeon yn y wasg yn cyfeirio at greulondeb ac anfadwaith yr *Hun*, ac roedd ymddangosiad 300 o ffoaduriaid o Wlad Belg ym Mhorthaethwy yn ystod hydref 1914 yn sicr o ychwanegu at bryderon ac ofnau'r bechgyn lleol. Fe sefydlwyd cronfa leol i'w cynorthwyo, a bu'r Belgiaid wrthi'n galed am flwyddyn a rhagor yn gwella'r ffordd rhwng Carreg yr Halen ag Ynys Tysilio yn y Borth – sef y ffordd sydd bellach yn dwyn yr enw y *Belgian Promenade*. Fe ymddengys fod rhai o'r Belgiaid wedi bod yn aros yn Llanfair am gyfnod, ac yn *Y Wyntyll* yn Ionawr 1915 cawn hanes te parti yn cael ei gynnal yn yr Ysgol Fyny (sef yr Ysgol Genedlaethol a oedd dan reolaeth yr Eglwys).

Caed detholion ar y 'gramaphone' gan Mr Green; unawd gan Miss Rosmond Watts, a datganiad yr anthemau cenedlaethol Ffrengig a Belgaidd gan Master Albert Pelsmackers (Belgiad sy'n aros yma).

Y Wyntyll, 14 Ionawr, 1914

Gŵr arall o Fôn fu'n amlwg iawn yn yr ymgyrchu oedd y Brigadydd Owen Thomas o Brynddu, Llanfechell. Owen Thomas gafodd y gwaith o geisio sefydlu'r 38ain Adran Gymreig – corff a ddaeth yn adnabyddus ymhen dim o amser fel y 'Fyddin Gymreig' neu 'Byddin Lloyd George'.

Cymro Cymraeg diffuant iawn oedd Owen Thomas, ac roedd ei apêl ef at ei gydwladwyr yn un a oedd wedi ei seilio ar wladgarwch Llywelyn a Glyndŵr. Roedd ei neges hefyd yn llawer llai ymosodol nag un John Williams, Brynsiencyn. Mae'n werth dyfynnu rhai o eiriau'r Brigadydd.

> Ni throdd Bechgyn Cymru erioed glust fyddar i alwad eu gwlad. Pan yrrodd Llywelyn ein Llyw Olaf, ac Owain Glyndŵr fflamdorch rhyfel allan rhuthrodd Dewrion Cymru i ateb yr alwad ac i brofi eu gwladgarwch. Nid yw calonnau Bechgyn Cymru heddyw yn llai cynnes nac yn llai dewr nag oeddynt y pryd hwnnw. Gwn y bydd iddynt, fel eu tadau gynt, ateb galwad eu Gwlad. Canys galwad eu Gwlad yw!
>
> Os mynant gadw pentrefi a chartrefi Cymru yn rhydd oddiwrth draed haiarnaidd y gelyn, rhaid ei orchfygu, nid yng Nghymru, ond ar y Cyfandir. Drwy ymladd yn ddewr yno yr amddiffynir ein gwlad yma oreu, y cedwir gormes y gorthrymwyr draw, y diogelir ein cartrefi tawel, y cedwir ein merched yn bur, a'n plant a'n henafgwyr rhag cael eu llofruddio.
>
> *Owen Thomas, Apêl y Cadfridog, Parc Cinmel, Rhyl*
> *20 Tachwedd, 1915*

Ond, er gwaethaf rhethreg Owen Thomas, roedd pethau'n dal yn araf yn y gongl hon o Gymru. Erbyn 1915, roedd y brwdfrydedd a'r jingoistiaeth cychwynnol wedi hen bylu. Yn raddol, yn ystod 1915, fe ddaeth rhai o'r Gwirfoddolwyr cyntaf adref gyda'u straeon erchyll o wir natur y brwydro ar y ffrynt orllewinol. Fe geir disgrifiad graffig iawn o fywyd yn y ffosydd yn Ffrainc mewn llythyr a anfonwyd gan Messach Rowlands, Pen Wal, Penmynydd at ei gyfaill Rowland Jones. Dwy ar bymtheg oed oedd Messach pan ysgrifennodd y llythyr hwn. Yn anffodus nid oes dyddiad ar y llythyr, ond yn ôl yr hanes, hwn oedd llythyr olaf Messach Rowlands. Bu farw yn fuan wedi hyn ar 20 Ionawr, 1916. Mae'r llythyr (sydd heb ei olygu na'i gywiro) wedi ei ysgrifennu yn Saesneg oherwydd roedd yn rhaid i swyddog ei ddarllen a'i gymeradwyo cyn y gellid ei bostio, a chan mai ychydig o swyddogion fedrai'r Gymraeg, yna roedd yn rhaid i filwyr fel Messach Rowlands ddefnyddio'r Saesneg.

Dear Rowland,

I am taking the greatest of pleasure of writing you a few lines to thank you for the book you so kindly sent me. I am sorry I have been so long in writing to you, but we are always doing something. We have just come out of the trenches for two days rest, and we are going again on Tuesday for another pop at them. It is a terrible place here you hear nothing but bullets and shells flying round you, and you must have your wits about you or you will be a goner in a minuit. If the top of your head just appears above the parapet for a second, you will hear the snipers going 'pop' at it, and it is'nt ordinary Bullets that they use, but those blooming dum dum ones, if one of those hit you, you are finished, for they burst inside you and blow your inside out. There was one chap near me who got shot right through his forehead and blowed half his head out. I often think of old Penmynydd when I am on guard in there. These French people are rotten people they are skinny as anything. It is a shame how the Germans have ruined this country, it is all in ruins and they seem to mark all the churches for they are flat on the ground, and the roads, you could put a horse and cart in some of the holes. I dont think this war will last very long again, because for every single shell the Alliman sends over we send six across to them. You ought to heare the noise here when they are shelling, it is worse than any thunder-storm, and as the shells go they whistle like a train, so that you can always hear them coming, then you go down flat. But it is terrible to see the bodies that is lying between the two lines, and when we are digging we sometimes come across a poor chap that has been buried. I saw a cementary once in a field here and a big shell had dropped in it and blown the poor fellows out of their graves. It is no good trying to write it down on paper because you can't realise what war is till you actualy see the horrors of it, I could write a whole boock about it, only they wont let us put everything in it.

This is my adress Pvt. M Rowlands 25670 M platoon C Coy M Batt R.W.F. B.E.F. France they wont let us put it on the top – Will you just tell mother that I received a parcel to-night. I posted one home before I had it, just tell her I received it safe. Well so long now. I'll have a lot to tell you when I come home which I hope will be soon, Remember me to all
From
Your true friend
Mess
I say you fellows. Oh weally

Doedd straeon a llythyrau fel hyn yn fawr o gymorth i'r recriwtwyr lleol. O'r diwedd, roedd yn rhaid i'r Llywodraeth weithredu ac yn 1916, fe basiwyd y cyntaf o'r Deddfau Gorfodaeth, neu i roi'r teitl cywir i'r mesur – Deddf Gwasanaeth Milwrol. O hyn allan roedd yn rhaid i bob gŵr ifanc sengl ymuno â'r Lluoedd Arfog.

3

Y TRIBIWNLYSOEDD A HELYNT Y
PARCHEDIG BEN MEYRICK, 1917

Daeth y Ddeddf Gwasanaeth Milwrol i rym ar 2 Mawrth, 1916. O hyn allan roedd pob gŵr sengl rhwng 18 a 41 oed yn gymwys i gyflawni gwasanaeth yn y lluoedd arfog. Roedd yna eithriadau serch hynny – doedd y mesur, er enghraifft, ddim yn weithredol yn Iwerddon ac roedd hi'n bosib i offeiriaid, gweinidogion, a gwrthwynebwyr cydwybodol hefyd gael eu heithrio, a phawb a oedd yn gweithio mewn swyddi allweddol. Ond, i osgoi consgripsiwn, roedd yn rhaid mynd o flaen tribiwnlys. O ganlyniad, bu Tribiwnlys Cyngor Dosbarth Aethwy, o dan gadeiryddiaeth y Cyrnol Cotton, Llwyn Onn, yn eithriadol o brysur drwy gydol gweddill y rhyfel. Ychydig o gydymdeimlad oedd gan y Cyrnol tuag at y sawl a geisiai osgoi mynd i ryfel, yn enwedig y gwrthwynebydd cydwybodol.

NEW TREATMENT OF CONSCIENTIOUS OBJECTORS

Col. The Hon. Stapleton-Cotton proposed that in future all conscientious objectors appealing to that Tribunal should be heard in camera. He entirely agreed with what Lord Derby had said a few days ago, that it was a mistake to publish the arguments and sayings of conscientious objectors, which were largely for advertisements and did no good, but only encouraged other men to make 'conscientious' objections, and supplied them with what to say (hear, hear,).

Holyhead Chronicle, 17 Mawrth, 1916

Fe ymddangosodd pob math o ddynion o flaen y tribiwnlysoedd hyn. Roedd sawl un am osgoi gwasanaeth milwrol am eu bod yn gweithio ym myd amaeth, fel yn achos Owen John Williams. Yr oedd agwedd Owen John Williams, llafurwr amaethyddol o Bentraeth, tuag at y rhyfel yn un nodweddiadol. Pan ofynnwyd iddo ym Mawrth 1916 pam nad oedd wedi ymuno â'r fyddin, fe atebodd trwy ddweud mai gwell fyddai ganddo aros gartref i weithio gyda'i geffylau. Nid oedd hyn yn plesio'r Cyrnol o gwbl:

> Col. Cotton: But you could look after horses in the
>   army.
> O. J. Williams: I prefer farm horses.

Diddorol hefyd oedd agwedd aelod dienw o'r Tribiwnlys pan drafodwyd achos Evan Pritchard, cigydd pentref Llanfair. Yn ôl yr aelod: '... it would be nothing short of a catastrophe to the village if the applicant had to join the army.'

> The Chairman: ... Catastrophe! They might live on
>   cabbages and other vegetables!"

Mewn cyfarfod arall, ym mis Mawrth 1916 a gynhaliwyd y tro hwn dan gadeiryddiaeth y Parch. E. H. Griffiths, rheithor Llangadwaladr, fe gafwyd achos diddorol arall a gofnodwyd yn y *Chronicle*.

> A young man in charge of a threshing machine sought exemption on the grounds that if he went to the army it would be a great hardship: 'as he intended to buy a farm'.
> Exemption refused.
>   *Holyhead Chronicle, 10 March, 1916*

Tua'r adeg hon fe ddechreuodd agwedd aelodau'r Tribiwnlys galedu tuag at y sawl oedd yn ymddangos o'u blaenau – yn enwedig y gwrthwynebwyr cydwybodol, er cyn lleied o'r rheini oedd ym Môn. Ond, roedd Llanfair yn bur agos at un o ganolfannau pwysicaf yr heddychwyr yng Nghymru gyfan, sef Coleg Bala-Bangor. Bu'r Prifathro Thomas Rees yn un o'r ychydig i herio'r awdurdodau yn ystod y cyfnod hwn, ac yn Chwefror 1916 fe ymddangosodd 11 o'i fyfyrwyr o flaen Llys Apêl y ddinas, gan ddatgan eu bod yn ymwrthod â rhyfel ar y sail eu bod yn wrthwynebwyr cydwybodol. Roedd y Prifathro wedi codi gwrychyn sawl un yn ystod cyfnod y rhyfel; yn wir, yn Nhachwedd 1914 bu ei ymddygiad yn destun trafod aelodau Clwb Golff Bangor.

> **GORMES GOLFFWYR** – Ym mhwyllgor gweithiol Clwb Golff Bangor, pasiwyd ar gynhygiad Mr. H. C. Vincent eu bod yn cymeradwyo i'r Pwyllgor Cyffredinol ofyn i'r Prifathro T. Rees (Coleg Bala-Bangor), ymddiswyddo o fod yn aelod o'r Clwb oherwydd fod ei ymddygiad ynglŷn â'r Rhyfel yn anghymeradwy gan yr aelodau, ac yn niweidiol i gymeriad a buddiannau'r Clwb!
>
> *Y Brython, 26 Tachwedd, 1914*

Ond, hyd yn oed ar ôl 1916, fe gafwyd cryn drafferth i recriwtio, ac o ganlyniad cafwyd sawl enghraifft o ddynion anaddas yn ymddangos o flaen Tribiwnlys Bangor, fel yn yr achos rhyfeddol hwn yn 1917, pan gafwyd cryn ddadlau rhwng y cyfreithiwr Pentir Williams ac aelodau eraill o'r llys.

> Mr. Pentir Williams asked for exemption for a young man – and handed in a local medical certificate, as to his mental incapacity. Mr. Williams said that it would be a waste of time to send his client to Wrexham.

Member: 'But there are doctors there.'

Pentir Williams: 'But they would not know that he was mentally deficient.'

Major Roberts: 'If there is anything wrong with him he could tell them.'

Pentir Williams: 'A mentally deficient man would be the last in the world to do that. Look at those in Denbigh Asylum; they will all tell you that they are quite sane.' (laughter)

Major Roberts: 'On that theory everybody in this room is mad.' (loud laughter)

The Chairman to the appellant: 'You are not married.'

Appellant: 'No, and I don't intend to get married.' (much laughter)

Major Roberts: 'Well I can't for the life of me understand how anyone can claim that this man is mad after that statement.'"(great laughter)

Exemption till September 30th.

Holyhead Chronicle, 11 May, 1917

Roedd y sefyllfa mae'n amlwg yn bur enbydus os oedd yr awdurdodau mor awyddus i recriwtio bechgyn fel y creadur uchod, oedd yn amlwg yn wan ei feddwl. Ond, erbyn hyn, roedd y colledion ar y ffrynt orllewinol mor uchel fel roedd yn rhaid bachu ar unrhyw gyfle i gael recriwtiaid newydd. Erbyn haf 1916 roedd yr awdurdodau wrthi fel lladd nadroedd yn ceisio casglu cymaint ag y gallent o fechgyn i bwrpas milwrol, ac roedd marchnad Llangefni yn le da i gael gafael ar ddynion, fel y dengys y darn nesaf.

LLANGEFNI, MÔN

CYNGOR – Cofied pob gŵr mewn oedran milwrol gario ei 'Exemption Card' gydag ef. Yr oedd dydd Iau diwethaf yn ddydd ffair a marchnad yn y dref yma, a gwelai yr awdurdodau milwrol gyfleusdra rhagorol i gael gafael ar y bechgyn mewn 'mufti'. Oddeutu hanner dydd gwelid milwyr, cwnstabliaid, a'r cwnstabliaid neillduol, yn dechrau ar y gwaith. Cyn tri o'r gloch yr oedd dros 160 wedi gorfod talu ymweliad â'r awdurdodau milwrol yn Swyddfa y Sir. Felly cofiwch am eich cardiau.

Y Llan, 15 Medi, 1916

Ond stori'r Parchedig Ben Meyrick a achosodd y stŵr mwyaf ym Môn, os nad yng Nghymru gyfan yn 1917, ac fe fyddai Bedyddwyr Capel Pencarneddi'n sicr o fod wedi dilyn y stori hon yn ofalus.

Ganwyd Ben Meyrick yn Heolgerrig, Merthyr Tudful yn Ionawr 1887, yn fab i David a Mary Meyrick. Wedi gadael ysgol y pentref, gweithiodd yn y gwaith glo lleol am rai blynyddoedd, ac yn ôl Llawlyfr Undeb y Bedyddwyr 1977,

Y Parchedig Ben Meyrick

fe'i codwyd i'r weinidogaeth yn eglwys y Bedyddwyr Calfaria, Heolgerrig.

Mae'n berffaith amlwg fod cefndir a magwraeth Ben Meyrick yn allweddol er mwyn ceisio deall yr hyn a ddigwyddodd iddo yn 1917. Yn gyntaf, rhaid edrych ar y cefndir crefyddol. Roedd y dimensiwn crefyddol yn amlwg yn y ffordd y crëwyd agweddau Ben Meyrick tuag at y cwestiwn o ryfel a heddwch. Roedd wedi mynychu capel Calfaria er yn blentyn, a mwy na thebyg roedd yn un o'r cannoedd a fu yn y capel nos Fercher, 14 Rhagfyr, 1904 yn gwrando ar Evan Roberts, y Diwygiwr. Roedd Meyrick yn fachgen bron yn ddwy ar bymtheg oed y noson arbennig honno, ac mae'n amlwg y buasai Diwygiad Mawr 1904-05 wedi cael dylanwad rhyfeddol arno.

Yn ail, rhaid cofio mai bachgen o ardal Merthyr oedd Meyrick – sef y dref fwyaf radical, a'r etholaeth fwyaf diddorol efallai yng Nghymru gyfan. Aelod seneddol Rhyddfrydol Merthyr pan aned Ben Meyrick oedd Henry Richard, yr Apostol Heddwch, a'r gŵr a fu'n Ysgrifennydd y Gymdeithas Heddwch o 1844 hyd at 1885, ac a fu'n pregethu heddwch rhwng y cenhedloedd ar hyd ei oes.

Yn 1900, a Ben Meyrick bellach yn laslanc 13 oed, fe gafwyd daeargryn gwleidyddol arall yn y cylch. Etholwyd James Keir Hardie fel aelod Llafur dros Ferthyr ac Aberdâr, y Llafurwr cyntaf i'w ethol yng Nghymru. Roedd Hardie, fel Richard o'i flaen hefyd yn heddychwr digyfaddawd. Fel y cawn weld maes o law, roedd Ben Meyrick hefyd yn amlwg yn perthyn i'r traddodiad radical hwn. Ond erys y cwestiwn, ai dylanwad ymneilltuaeth neu ddylanwad gwleidyddol y Rhyddfrydwyr a'r Blaid Lafur Annibynnol, oedd fwyaf amlwg wrth greu'r agweddau heddychlon hyn yn y Ben Meyrick ifanc? Gan fod y dystiolaeth mor brin, mae hwn yn gwestiwn na ellir ei ateb yn bendant un ffordd na'r llall.

Tua 1916, ac yntau bellach yn 28 oed, fe symudodd i

Goleg y Bedyddwyr ym Mangor, er mwyn cael cyfnod o hyfforddiant i fod yn weinidog gyda'r enwad hwnnw. Ond, yn ystod y flwyddyn academaidd hon daeth y Ddeddf Gwasanaeth Milwrol i rym (2 Mawrth, 1916) – deddf a oedd yn gwneud gwasanaeth milwrol yn orfodol i bob gŵr a oedd rhwng 18 a 41 mlwydd oed. O Awst 1914 ymlaen, dibynnu ar wirfoddolwyr a wnaeth y Lluoedd Arfog, ond gyda chymaint yn cael eu lladd a'u clwyfo, yn enwedig ar y ffrynt orllewinol, fe gafwyd cwymp dychrynllyd yn niferoedd y gwirfoddolwyr. Fe benderfynodd y Llywodraeth fod yn rhaid i'r drefn newid, ac o ddydd Iau, 2 Mawrth, 1916 ymlaen, consgripsiwn fyddai'r drefn newydd. Er hyn, roedd yn bosib i ddyn gael ei eithrio. Doedd dynion priod a gwŷr gweddw ddim yn gymwys i'w galw i'r lluoedd, ac nid oedd y ddeddf hon yn weithredol yn Iwerddon nac yn berthnasol i drigolion oedd fel arfer yn byw yn un o'r gwledydd Dominiwn. Yn ogystal â hyn, roedd y ddeddf hon yn eithrio dynion a oedd mewn gwaith neilltuedig oedd yn cael ei ystyried o bwys cenedlaethol. Grŵp arall oedd wedi eu heithrio oedd offeiriaid eglwysig a gweinidogion yr efengyl, neu yng ngeiriad y mesur 'Men in Holy Orders or regular ministers of any denomination.' Roedd hi hefyd yn bosib i wrthwynebwyr cydwybodol gael eu heithrio.

Pan ddaeth y Ddeddf Orfodaeth i rym, myfyriwr diwinyddol yn y Coleg Gwyn oedd Ben Meyrick, ac fe allai'n hawdd fod wedi listio mor gynnar â 1916, fel y gwnaeth rhai o fyfyrwyr y Coleg. Fe gytunwyd ar ddechrau Sesiwn y Coleg yn 1914-15 fod unrhyw fyfyriwr a adawai'r coleg i ymrestru neu i gyflawni gwasanaeth anymladdgar i gael cwblhau ei gwrs colegol pa bryd bynnag y gallai ddychwelyd. Y flwyddyn honno, sef 1916, aeth criw disglair iawn o fyfyrwyr i rengoedd y Royal Army Medical Corps. Yn eu plith roedd Albert E. Jones (Cynan) a Lewis Valentine. Aeth eraill o'r myfyrwyr i fugeilio eglwysi, a hynny cyn iddynt gwblhau eu hastudiaethau. Ymgais heb os oedd hon i osgoi'r Ddeddf Orfodaeth, ond doedd Silas Morris, Prifathro'r Coleg ar y pryd, a gŵr a oedd o blaid y rhyfel, ddim yn cymeradwyo'r math hyn o weithredu, ac o ganlyniad gwrthododd gymryd rhan mewn rhai ordeiniadau.

Fe ymddengys mai ar ddechrau 1917 y dechreuodd yr awdurdodau milwrol gymryd camau i gael Meyrick i mewn i'r Lluoedd Arfog. Yn Chwefror 1917, deallwn ei fod wedi gwneud cais i gael ei eithrio o wasanaeth milwrol pan ddaeth i gysylltiad â Thribiwnlys Dinas Bangor am y tro cyntaf. Yn ôl un o swyddogion recriwtio'r cylch, sef y Lefftenant Cradoc Davies, roedd Meyrick o'r cychwyn cyntaf yn ymwybodol o delerau'r mesur, ac wrth gyflwyno'i gŵyn, '... admitted he did not come within any of the exceptions, named in the schedule.' Gan mai gŵr ifanc, sengl ydoedd, fe'i cofrestrwyd yn Nosbarth A.

Ar 23 Mawrth fe apeliodd at Dribiwnlys y ddinas, a chafwyd y gwrandawiad ar Nos Fawrth, 24 Ebrill. Cafwyd adroddiad lled gynhwysfawr o'r hyn a ddigwyddodd yn y *North Wales Chronicle* (yn Saesneg), dridiau yn ddiweddarach, a hefyd yng ngholofnau'r *Dinesydd Cymreig* (yn Gymraeg) ar 2 Mai. Mae'n werth dyfynnu darnau o'r ddwy erthygl, gan fod yna ffeithiau gwahanol yn cael eu datgelu yn y ddwy fersiwn. O ddod â'r ddwy fersiwn at ei gilydd, fe ellir felly wneud ymgais i ail-greu'r hyn a ddigwyddodd y noson honno. Saesneg mae'n debyg oedd iaith y Tribiwnlys ym Mangor.

PREPARED TO DO RED CROSS WORK

Ben Meyrick (30) classified A, claimed exemption on conscientious grounds.

He contended he was doing work of national importance. He was completing the 2nd year of a 3 year course. He had not received a call, but was in communication with 2 churches in Anglesey. He was a collier before coming to the college.

Mr Vincent: Did you belong to any society before the war? No.

Have you ever shown that you held these views before the war? I never had an opportunity of doing so.

I did not ask you that. Have you made any sacrifice for your country? No.

Mr T. J. Williams: Do you attend a place of worship except in the performance of your duties? I attend prayer meetings at Penuel.

The Mayor: Are you willing to do Red Cross work? Does it mean taking the military oath? No: The I am quite willing to join.

The application was dismissed.

Yn y *Dinesydd Cymreig*, fe ymddangosodd yr adroddiad o dan y penawd:

Y CYDWYBODOLWYR

Mr Vincent: A wnaethoch unrhyw ebyrth i'ch gwlad? Naddo.

Mr T. J. Williams: A fyddwch yn mynychu moddianau ar wahan i'r rhai y cymerwch ran ynddynt y Sul? Byddaf yn mynd i'r cyfarfodydd gweddio.

Y Maer: A fyddech yn foddlon ymuno a'r RAMC? Na fuaswn.

Y Groes Goch?

Wel, nid yw'r Groes Goch yn golygu cymeryd y llw milwrol, a ydyw?

Y Maer: Nac ydyw.

Yna yr wyf yn berffaith fodlon gwneud hynny.

Fel y gwelwn o'r dyfyniadau uchod, ychydig o

gydymdeimlad oedd yna tuag at Ben Meyrick o du'r Tribiwnlys. Er ei fod wedi cynnig ymuno â'r Groes Goch, doedd hynny ddim digon. Yn wir roedd un o'r aelodau, sef Hugh Corbet Vincent, cyfreithiwr lleol a Thori rhonc, eisoes wedi gwneud enw iddo'i hun fel un a oedd yn casáu gwrthwynebwyr cydwybodol y fro. Ef oedd yn bennaf gyfrifol am ddiarddel y Prifathro Thomas Rees, Prifathro Coleg Bala-Bangor, o Glwb Golff Bangor.

Ond, yn yr un gwrandawiad, fe wnaeth Tribiwnlys Dinas Bangor un penderfyniad rhyfeddol arall. Hefyd o flaen y llys y noson honno roedd Gwyn Evans Bowen, myfyriwr 26 oed, ac un arall o fechgyn y Coleg Gwyn. Fel Meyrick, roedd Bowen hefyd yn ceisio cael ei eithrio ar sail cydwybod. Ond, yn achos Bowen, fe gytunodd y Tribiwnlys i'w gais. Rhoddwyd rhyddhad amodol i Gwyn Evans Bowen ar yr amod ei fod yn derbyn galwad i fugeilio eglwys yn Nantwich.

Ond, pam y fath anghysondeb tybed? Sut ar wyneb daear oedd hi'n bosib i'r Tribiwnlys gytuno i gais Bowen, ac ar yr un pryd, wrthod apêl Ben Meyrick?

Yna, ar 12 Mai, fe apeliodd i'r Tribiwnlys Sirol, ond unwaith eto gwrthodwyd ei gais, ac fe gadarnhawyd penderfyniad Tribiwnlys Bangor. Erbyn hyn roedd pethau'n symud yn gyflym, ac fe roddwyd rhybudd iddo fod yn barod i gyflwyno'i hun am wasanaeth milwrol ar 24 Mai. Ond, yn y cyfamser, ar ddydd Mawrth, 22 Mai, fe ordeiniwyd Ben Meyrick yn weinidog eglwysi Penysarn, Sardis a Chapel Newydd. Llywyddwyd y diwrnod hwnnw gan H. C. Parry, Llannerch-y-medd. Hwn gyda llaw oedd yr ail wasanaeth ordeinio yn y sir yr wythnos honno. Yn ystod yr un wythnos fe ordeiniwyd R. T. Evans yn weinidog Ainon a Bodedern, ac fe groesawyd y ddau yn swyddogol gan yr enwad yng Nghymanfa Bedyddwyr Môn, a gyfarfu yn Hebron, Caergybi, ar 11 a 12 Mehefin.

Drannoeth ordeiniad Meyrick, 23 Mai, fe dderbyniodd y

swyddfa recriwtio lythyr yn enw'r Parch. J. D. Hughes, ysgrifennydd Cymanfa Bedyddwyr Môn, yn datgan fod Ben Meyrick bellach wedi ei ordeinio, a'i fod felly i gael ei eithrio rhag cyflawni gwasanaeth milwrol. Ond doedd hyn ddim yn dderbyniol i'r awdurdodau dialgar ym Mangor. Roeddynt yn amlwg mor benderfynol ag erioed i gael y maen i'r wal. Ar 9 Mehefin, anfonwyd llythyr arall ato, yn tanlinellu'r ffaith fod ei apêl wedi methu, a'i fod i ildio i'r awdurdodau milwrol ar 13 Mehefin. Ar y diwrnod hwnnw fe anfonodd Ben Meyrick lythyr arall atynt. Roedd o hefyd yn un mor benderfynol â'r swyddogion recriwtio. Ei ddadl ef, fel un y Parch. J. D. Hughes oedd mai gweinidog wedi ei ordeinio ydoedd bellach, ac felly roedd o wedi ei eithrio rhag cyflawni gwasanaeth milwrol.

'I cannot make arrangements,' meddai, '... to attend at Bangor but I will be found at the above address.' Er mwyn tanlinellu'r newid yn ei statws, fe nododd mai ei gyfeiriad bellach oedd Ty'n Lôn, Pengraigwen, nid Coleg y Bedyddwyr, Bangor. Ond, doedd hyn eto ddim yn dderbyniol i'r awdurdodau milwrol ym Mangor.

Roedd dydd Mawrth, 3 Gorffennaf, 1917, yn ddiwrnod mawr, ond hefyd yn ddiwrnod anodd a dryslyd i Fedyddwyr Môn. Ar y diwrnod arbennig hwn, fe ymddangosodd Ben Meyrick o flaen ynadon dinas Bangor. Ar yr union adeg yr oedd hyn yn digwydd, roedd un arall o fechgyn y Coleg Gwyn yn cael ei ordeinio'n weinidog ar ddwy o eglwysi'r sir – ordeiniwyd Boaz Williams, brodor o Gorris, yn weinidog ar eglwysi Pontripont a Thywyn Capel.

Llywydd y Fainc ym Mangor y diwrnod hwnnw oedd W. Pughe, a hefyd yn bresennol roedd y Maer, R. J. Williams, a'r Meistri Thomas Roberts, W. D. Hobson a J. Evan Roberts. Cyhuddwyd Meyrick o fod yn absennol o'r Fyddin. Ei ymateb cyntaf i'r cyhuddiad oedd gofyn i'r llys am i'r achos gael ei ohirio, gan nad oedd wedi cael cyfle i drafod y mater gyda chyfreithiwr tan y noson cynt (2 Gorffennaf). Fe wrthwynebodd y Lefftenant Cradoc Davies, sef cynrychiolydd yr awdurdodau milwrol y cais, gan gyhoeddi fod y diffynnydd wedi cael rhybudd o'r achos ers cryn bythefnos. Cytuno â'r Lefftenant a wnaeth y Fainc, ac aeth yr achos yn ei flaen.

Amlinellodd y Lefftenant holl hanes yr achos o'r cychwyn cyntaf, gan bwysleisio'r ddadl fod Ben Meyrick, yn ôl Deddf Gwasanaeth Milwrol 1916, yn gymwys i wasanaethu yn y Lluoedd Arfog. Prif ddadl y Lefftenant Cradoc Davies oedd y ffaith mai myfyriwr, ac nid gweinidog, oedd Ben Meyrick ar 2 Mawrth, 1916, sef y diwrnod y daeth y ddeddf hon i rym. Yn ôl telerau'r mesur hwn felly, roedd yr awdurdodau milwrol o'r farn fod Meyrick eisoes yn aelod o'r Lluoedd Arfog ers y dyddiad arbennig hwnnw. Doedd y ffaith ei fod wedi cael ei ordeinio ers 2 Mawrth, 1916 ddim yn berthnasol i'r achos. Cytuno â'r Lefftenant a wnaeth y Fainc, ac fe gafwyd Meyrick yn euog. Cafodd ddirwy o £2, ac fe'i cadwyd yn y llys hyd nes y byddai gosgordd filwrol yn cyrraedd i fynd ag ef ymaith i wersyll milwrol. Gwnaeth Ben Meyrick un apêl derfynol.

> Ben Meyrick: I ask the magistrates to state a case for the High Court.
> Mr T. W. Trevor, Clerk: On what grounds?
> Ben Meyrick: On the grounds that I am excepted – on a point of law.
> The Chairman: We do not consider there is sufficient grounds for us to state a case.

Gyda selogion Pontripont a Thywyn Capel yn dathlu'r ffaith fod ganddynt weinidog ifanc newydd, stori wahanol iawn oedd yn cael ei hadrodd ym Mangor. Treuliodd Ben Meyrick, nos Fawrth, 3 Gorffennaf mewn cell ym Mangor. Y diwrnod

canlynol trosglwyddwyd ef i wersyll milwrol Wrecsam, a bu
dan glo yn y fan honno am ddwy noson. Yna, fe aeth y Fyddin
ati i geisio ei droi'n filwr go iawn. Gwrthododd arwyddo ei enw
fel milwr; gwrthododd archwiliad meddygol, a gwrthododd
wisgo lifrai khaki. Yna, ar ddydd Gwener, 6 Gorffennaf, fe
wnaed ymgais i fynd ag ef i wersyll milwrol Litherland, ger
Lerpwl, ond unwaith eto gwrthododd Ben Meyrick, gan fod
hyn yn golygu gorymdeithio mewn gwisg filwrol.

'Fodd bynnag,' meddai un o'i gefnogwyr selocaf, E. K.
Jones, Cefnmawr, '... aed ag ef trwy drais i gerbyd, ac felly i'r
orsaf. Yn Litherland, cadwyd ef mewn cell eto, ac fel y dywed
yn ei lythyr, yno y treuliodd ei Saboth fel carcharor, yn lle
bod yn ei bulpud.'

Yn ôl E. K. Jones, cafodd ei gam-drin mewn modd ffiaidd
yng ngwersyll Litherland. Dygwyd popeth oddi arno,
rhegwyd ef gan y swyddogion, a thaflwyd dŵr arno drwy
ffenestr ei gell. Er bod Ben Meyrick bellach dan glo, megis
dechrau yr oedd y gwaith o geisio ei ryddhau o ofal y Fyddin.

O fewn dyddiau i'r achos llys ym Mangor, fe
ddechreuodd cyfeillion a chefnogwyr Ben Meyrick fynd ati i
weithredu o'i blaid. Y mwyaf egniol a'r mwyaf huawdl o'i
gefnogwyr trwy gydol y cyfnod anodd hwn oedd gweinidog
hynod iawn gyda'r Bedyddwyr, sef y Parch. Evan Kenffig
Jones (1863–1950), Cefnmawr, ger Wrecsam. Roedd E. K.
Jones, fel Meyrick, yn un o fechgyn y cymoedd glofaol – fe'i
ganed ym Mryn Du, Mynydd Cynffig, yn fab i löwr ac erbyn
1881 roedd yntau hefyd yn gweithio fel glöwr yn y Rhondda
Fach. Yn fuan wedi hyn aeth i goleg yr enwad ym Mhont-y-
pŵl, ac oddi yno i Goleg y Brifysgol yng Nghaerdydd. Ei
ofalaeth gyntaf yn 1890 oedd Calfaria, Merthyr, ac yma
mae'n debyg y daeth E. K. Jones i gysylltiad â theulu Ben
Meyrick am y tro cyntaf. Byr, serch hynny, fu ei arhosiad yng
Nghalfaria. Yn 1891 cafodd alwad i Frymbo, ac yn 1913
symudodd drachefn i Gefn Mawr. Gwnaeth enw iddo'i hun

yn y gongl hon o Gymru fel addysgwr brwd ac ymgyrchwr cymdeithasol diflino. Bu'n aelod o fwrdd llywodraethol sawl ysgol yn y fro, a chyn hir daeth y cyfle i fod yn aelod o Bwyllgor Addysg Sir Ddinbych, ac o Senedd Coleg y Brifysgol ym Mangor. Roedd hefyd yn aelod o Fwrdd Gwarcheidwaid Wrecsam, ac yn y swydd hon roedd pawb yn yr ardal yn ei adnabod fel: 'The poor man's friend'. O 1914 ymlaen, fe wnaeth waith ardderchog fel heddychwr drwy Gymru gyfan .

Ef mae'n bur debyg luniodd yr erthygl fer a ymddangosodd yn *Y Deyrnas*, papur heddychwyr Cymru yn y cyfnod hwn, a ymddangosodd ar y 10 Gorffennaf 1917. Golygydd *Y Deyrnas* oedd y Prifathro Thomas Rees, Bala-Bangor, ac roedd E. K. Jones yn gyfrannwr selog iawn i'r cylchgrawn dylanwadol hwn. Yn ystod y misoedd nesaf, fe fyddai sawl erthygl a llythyr yn cael eu cyhoeddi yng ngholofnau papurau'r wlad. Yn yr erthygl hon, o dan y pennawd 'Gweinidogion Ieuainc a'r Fyddin' fe lambastiwyd nid yn unig agwedd y Llywodraeth, ond hefyd, ymddygiad ynadon dinas Bangor.

> 'Hyd y gwyddom, ...' meddai'r awdur, '... hwn yw'r tro cyntaf i'r awdurdodau wadu hawl unrhyw weinidog i beidio ag ymuno â'r fyddin, a thebyg mai hon yw'r Llywodraeth gyntaf yn hanes y byd i ddweyd yn bendant wrth Eglwys Iesu Grist fod yn RHAID i'w gweinidogion godi cledd i ladd eu cyd-ddynion!
>
> Tybed nad oes diwedd i fod ar haerllugrwydd militariaeth Prydain, na diwedd chwaith ar waseidd-dra llwfr Ymneilltuwyr Cymru?'

Mae brawddeg olaf y darn hwn yn amlwg yn ymgais i geisio gwneud achos Ben Meyrick yn achos amgenach na mater yn ymwneud ag un enwad yn unig. Roedd yr achos hwn yn frwydr nid yn unig i'r Bedyddwyr, ond yn frwydr i holl Ymneilltuwyr Cymru. Yn wir, cafwyd ymateb ac adwaith hynod o gyflym i'r hyn oedd wedi digwydd ym Mangor. Dydd Llun, 16 Gorffennaf cynhaliwyd cynhadledd 'luosog a brwd' yn Llannerch-y-medd, dan lywyddiaeth y Parch. David Lloyd, Caergybi. Canlyniad y cyfarfod hwn oedd pasio penderfyniad o wrthdystiad i'w anfon i'r Llywodraeth yn erbyn 'yr ymddygiad annheg hwn'. Hefyd ffurfiwyd pwyllgor i ymgynghori â bargyfreithiwr, ac i drefnu i alw cyfarfod arall i drefnu gweithredu pellach. Yna, rhywdro tua 20 Gorffennaf llwyddwyd, trwy ddylanwad cyfeillion ac Ysgrifennydd Cymanfa Bedyddwyr Môn, i gael Meyrick yn rhydd o'r carchar milwrol, a chafwyd caniatâd i drefnu apêl i lys uwch. Yna, nos Wener, 20 Gorffennaf, cawn y prawf cyntaf fod newyddion am yr achos wedi ymledu y tu hwnt i ddinas Bangor ac Ynys Môn. Y noson honno cyfarfu Cyngor Eglwysi Rhyddion Cwm yr Aber, yn Senghennydd. Cafwyd penderfyniad chwyrn yn condemnio'n llwyr yr hyn a ddigwyddodd i Ben Meyrick.

Resolved that this Meeting of the Aber Valley Free Church Council, held at Ebenezer Church, Senghenydd, on Friday, July 20, representing eleven Churches, desires to protest in the most emphatic manner against the action of the Military Authorities in arresting as an absentee a minister of the Gospel, in the person of the Rev. B. Meyrick, Pensarn, Anglesea, and also against the decision of the Bench of Magistrates at Bangor to fine him £2 and handing him over to a military escort, contrary to the provisions of the Military Service Act, which states that all Ministers of Religious denominations are excepted.

This Meeting, therefore, earnestly and urgently calls upon the Government to see that this gentleman is released from prison and from serving in the army

at the earliest possible moment, in accordance with
the law of the land.

Cafwyd gweithredu hefyd ar lefel seneddol. Fe ofynnodd
John Hinds, aelod seneddol Caerfyrddin gwestiwn ynglŷn
â'r achos, ac fe gafodd ateb gan Mr Macpherson, Is-
Ysgrifennydd Gwladol y Swyddfa Ryfel. Roedd yr ateb i
raddau helaeth yn ail-bobiad o'r hyn a ddywedwyd gan
ynadon Bangor – sef nad oedd Meyrick yn 1917 yn gymwys
i gael ei eithrio rhag y mesur. Ond, gan fod yr achos bellach
wedi ei hanfon i Lys Apêl, roedd y mater bellach yn *sub
judice*, ac nid oedd modd felly iddo wneud unrhyw sylw
pellach. Yn y cyfamser roedd ei gyfeillion wedi sefydlu
pwyllgor ffurfiol, gyda'r bwriad o godi arian er mwyn cyflogi
bargyfreithiwr i ymladd yr achos yn yr Uchel Lys. Y
cadeirydd oedd y Dr. H. Cernyw Williams, Corwen, y
trysorydd oedd John Jones, Rhianfa, Amlwch a'r
ysgrifenyddion oedd E. K. Jones, Cefnmawr a J. B. Hughes,
Llys-Myfyr, Llannerch-y-medd. Yn ystod misoedd Awst a
Medi fe fu'r pwyllgor wrthi'n ddyfal yn codi arian, yn
cyfarfod y cyfreithwyr a'r bargyfreithwyr, ac yn ceisio cael
popeth yn barod ar gyfer y gwrandawiad yn yr Uchel Lys.
Tasg ddigon anodd oedd hon mae'n debyg, yn enwedig o
gofio fod hyn oll wedi digwydd reit ynghanol un o
ddigwyddiadau mwyaf dramatig y Rhyfel Mawr – ar 6 Medi,
yn Eisteddfod Genedlaethol Penbedw, fe gyhoeddwyd fod
Hedd Wyn, enillydd y Gadair, wedi ei ladd bum wythnos
ynghynt ar Esgair Pilckem. Fe odrodd Lloyd George a'r
sefydliad Cymreig y digwyddiad hwn i'r eithaf a daeth y
milwr ifanc o Drawsfynydd yn symbol o aberth holl filwyr
Cymru. Yn yr wythnosau'n dilyn Eisteddfod y Gadair Ddu,
fe foddwyd y genedl gan don enfawr o bropaganda
jingoistaidd. Heb os, fe wnaeth hyn sefyllfa'r gwrthwynebwr
cydwybodol yn llawer anoddach.

Yna, yn ystod y cyffro hwn daeth y newydd syfrdanol bod achos arall, hynod debyg i un Ben Meyrick, yn mynd o flaen yr Uchel Lys (Adran Mainc y Brenin) ar 19 Medi. Asiant Yswiriant oedd John George Stone, ac aelod o Eglwys y Bedyddwyr Caeth yn West Hartlepool. Rhwng 1912 a Chwefror 1917, fe ymddengys fod Stone wedi bod yn weithgar iawn yn yr eglwys. Yn wir, fe arferai bregethu yno oddeutu chwe gwaith ar hugain y flwyddyn. O ganlyniad i hyn, yn Chwefror 1917, fe'i penodwyd yn fugail ar yr eglwys. Roedd hyn yn unol â rheolau'r enwad, ac fe gofnodwyd ei benodiad yng nghofnodion yr eglwys. Ar 3 Mai, 1917, fe dderbyniodd rybudd swyddogol fod disgwyl iddo wasanaethu yn y Lluoedd Arfog, ond gwrthododd ymateb i'r gorchymyn hwn, ac o ganlyniad aeth o flaen llys ynadon West Hartlepool. Fe benderfynodd yr ynadon fod y Bedyddwyr Caeth yn enwad cydnabyddedig, ond roeddynt hefyd o'r farn, nad oedd John George Stone, yn weinidog rheolaidd, yn ôl diffiniad y ddeddf, cyn Chwefror 1917. Roedd o felly yn gymwys i gyflawni gwasanaeth milwrol.

Cafodd yr achos ei gynnal o flaen tri o brif Ustusiaid y deyrnas – Syr Charles John Darling, Syr Horace E. Avory a Syr Clement Bailhache. Roedd y tri yn ddynion amlwg ac adnabyddus. Bu Charles Darling ar un adeg (1888–1897) yn aelod seneddol Ceidwadol Deptford a Horace Avory oedd un o gyfreithwyr troseddol amlycaf ei oes. Cymerodd ran mewn rhai o achosion enwocaf y cyfnod, gan gynnwys achosion Oscar Wilde, Adolph Beck a Syr Roger Casement. Roedd yr olaf o'r tri ychydig yn wahanol i'r ddau arall. Yn y lle cyntaf, cyfreithiwr masnachol oedd y gŵr hwn – nid cyfreithiwr troseddol fel y ddau arall. Yna yn ail, roedd Bailhache, fel mae ei gyfenw dieithr yn awgrymu, yn hanu o dras Hiwgenotaidd. Roedd yn Fedyddiwr, ac yn wir, roedd ei dad yn weinidog gyda'r enwad. Ymgais mae'n debyg oedd hon ar ran yr awdurdodau i geisio cael rhyw gymaint o gydbwysedd ar y Fainc. Roedd cefnogwyr Ben Meyrick mae'n debyg yn tybio y byddai Bailhache yn gweld pethau'n wahanol i'r ddau arall. Yn anffodus ni ddigwyddodd hyn. Ar ôl gwrando ar y dystiolaeth, ac wedi pwyso a mesur yn ofalus, fe ddaeth y tri barnwr i'r un casgliad. Ar y diwrnod y daeth y ddeddf i rym, meddai'r tri, roedd Stone rhwng deunaw a 41 mlwydd oed, ac yn byw yn ym Mhrydain Fawr ac o'r diwrnod hwnnw ymlaen roedd y gyfraith yn ystyried ei fod wedi ymrestru yn y Lluoedd Arfog. Ar y diwrnod penodedig doedd Stone ddim yn weinidog rheolaidd, ac felly roedd yr ynadon lleol yn West Hartlepool wedi ymddwyn yn berffaith gywir. Gwrthodwyd yr apêl.

Gan fod sail apêl Ben Meyrick yn ei hanfod, yn debyg iawn i achos John George Stone, daeth cyfeillion y gŵr o Fôn i'r casgliad mai ofer fyddai parhau i fynd â'r mater ymhellach ac o ganlyniad fe benderfynodd Meyrick ildio i'r awdurdodau a gwnaeth hyn yn y llys ym Mangor. Gan ei fod wedi gwneud hyn yn wirfoddol, cafodd orchymyn i ddychwelyd i wersyll Litherland. Gwnaeth hynny, ac yno fe'i rhoddwyd o flaen Llys Milwrol. Gan ei fod yn dal yn wrthwynebwr cydwybodol absoliwt, ac yn gwrthod yn bendant ag ymuno â'r Fyddin, fe'i dedfrydwyd i ddwy flynedd o garchar gyda llafur caled. Erbyn Tachwedd 1917, roedd Ben Meyrick dan glo yng ngharchar enwog Wormwood Scrubs.

Mae hon yn stori ryfeddol, ac yn un sy'n dal i adleisio ganrif yn ddiweddarach. Rhaid cofio mai nifer fechan o weinidogion ac offeiriaid a garcharwyd am resymau yn ymwneud â chydwybod yn y cyfnod hwn. Ond, fe garcharwyd Ben Meyrick.

Ond, pam tybed?

Yn gyntaf, fe fyddai rhai yn dadlau fod olion bysedd Lloyd George ei hun ar yr achos arbennig hwn. Gyda mesur mor ddadleuol a chwyldroadol â Deddf Gorfodaeth yn cael ei llywio drwy'r Senedd, roedd yn rhaid mynnu fod pawb a oedd yn gymwys yn ufuddhau i'r mesur hwn. Roedd yn rhaid sathru pob gwrthwynebiad – hyd yn oed gwrthwynebwr o weinidog. Hefyd, rhaid ystyried beth fyddai adwaith carcharu Ben Meyrick ar agweddau a gweithrediadau gwerin gwlad Cymru (a thu hwnt). Os oedd Lloyd George yn fodlon carcharu Cymro Cymraeg, a hwnnw'n weinidog gyda'r Bedyddwyr, yna pa obaith oedd yna i unrhyw un arall? Yn sicr, roedd carcharu Ben Meyrick yn un a fyddai'n rhoi neges glir a diamwys i bawb oedd yn ystyried herio'r ddeddf ddadleuol hon.

Hefyd, rhaid edrych ar weithrediadau Tribiwnlys Dinas Bangor. Fel y gwelwyd eisoes, roedd penderfyniadau'r llys hwn yn aml yn anghyson a dweud y lleiaf. Sut ar wyneb daear roedd yn bosib gadael i un darpar-weinidog ifanc gael ei eithrio o'r mesur, ac yna, yn yr un gwrandawiad, gwrthod apêl gweinidog arall? Unwaith eto, tybed oedd agenda guddiedig yma. Y tro hwn, mae gennym dystiolaeth dipyn cadarnach. Gwyddom fod o leiaf un o'r aelodau, sef Hugh Corbet Vincent, cyfreithiwr lleol a Thori rhonc, eisoes wedi gwneud enw iddo'i hun fel un a oedd yn casáu gwrthwynebwyr cydwybodol y fro. Ef oedd yn bennaf gyfrifol am ddiarddel y Prifathro Thomas Rees, Prifathro Coleg Bala-Bangor, golygydd *Y Deyrnas*, a heddychwr mawr arall, o Glwb Golff Bangor. Ai ceisio dwyn pwysau ar Thomas Rees a heddychwyr eraill Bangor oedd Vincent yn yr achos hwn hefyd?

Fe dreuliodd Ben Meyrick ddwy flynedd dan glo am iddo feiddio herio'r Ddeddf Orfodaeth. Pan ryddhawyd ef, fe ddaeth yn ôl i'r gogledd i gwblhau ei astudiaethau, ac yn 1920, fe dderbyniodd alwad i fugeilio eglwysi'r Bedyddwyr yng Nghemaes a Llanfechell. Bu yno hyd 1926, cyn symud i ardal San Clêr.

4

Y FFRYNT GARTREFOL 1914 - 1918

Fel y gwelsom, digon llugoer fu ymateb dynion ifainc Llanfair i ymgyrch recriwtio fawr y Llywodraeth yn y blynyddoedd 1914–1916. Ond roedd gweddill y gymuned yn llawer iawn mwy brwd a thanbaid, efallai oherwydd y pryderon amlwg yn bodoli yn y cylch. Roedd nifer fawr o drigolion Môn yn ofni y byddai'r Almaenwyr yn ceisio glanio rhywle ar yr ynys. O ganlyniad, roedd misoedd cynta'r rhyfel yn gyfnod o bryder mawr i drigolion cefn gwlad Môn, ond er hyn roedd pawb yn eithaf ffyddiog y byddai popeth yn iawn hyd yn oed petai'r gelyn yn glanio. Wedi'r cyfan roedd y Ffiwsilwyr Cymreig yn llu arbennig iawn a chredent y byddai'r Royal Welsh yn drech nag unrhyw Almaenwr. Fe ymddangosodd y gerdd hon yn y wasg leol yn 1915.

> Os daw'r Germans i Gaergybi,
>   Fe gaent gawod o fwledi;
> Y mae'r Royal Welsh yn barod
>   Ar y glanau i'w cyfarfod.
>
> *Y Genedl Gymreig, 14 Medi, 1915*

Roedd pob math o straeon yn cael eu hadrodd yn y misoedd cyntaf am ysbïwyr, Zeppelins a llongau tanfor, ac roedd pobl y cylch yn amlwg yn ofni'r hyn y gallai'r gelyn ei gyflawni. Roedd y ffaith bod Llanfair mor agos at y ddwy bont yn gwaethygu pryderon trigolion y fro, ac roedd yr awdurdodau hefyd yn ymwybodol o'r hyn a allai'r Almaen (neu gyfeillion yr Almaen), ei wneud. Daw'r stori ganlynol, o bapur newydd *Y Brython* – papur Cymry Lerpwl. Mae'n amlwg fod y stori hon, fel sawl un arall, wedi ymddangos cyn i sensoriaid y Llywodraeth ddechrau ar eu gwaith.

GWARCHOD Y PYNT – Ers wythnos bellach mae 28 o filwyr a dau swyddog o'r Welsh Fusiliers yn gwarchod Pontydd Menai. Daethant yma o Aberystwyth, gan gyrraedd ganol nos a chymryd eu safle ar unwaith i wylio pont y train (y Tubular). Rhannwyd y milwyr yn gyfartal nifer (fel y llewod) bob ochr – 14 o ddynion a swyddog yn mhen Môn i'r bont, a 14 a swyddog ym mhen Arfon iddi. Creodd dyfodiad y milwyr i ardal dawel Treborth gryn gyffro a siarad.

Y Brython, 6 Awst, 1914

Ni chafwyd unrhyw ymosodiad ar y pontydd, ond erbyn mis Hydref, roedd pawb bellach yn dechrau pryderu am Ffair y Borth. Oedd gan y gelyn gynlluniau ar gyfer y ffair fawr flynyddol a fyddai'n cael ei chynnal ar 24 Hydref? Fyddai hi'n ddiogel i fynychu'r ffair? Daw'r darn hwn eto o'r *Brython*.

FFAIR Y BORTH – Dydd Sadwrn nesaf y bydd hon, ac y mae'r trefniadau helaethed ag erioed ar ei chyfer, er fod rhai yn ofni rhag i'r goleuadau llachar oddiar heolydd y Borth, dynnu sylw'r *German Zeppelins*, a pheri hwylustod iddynt ollwng *bombs* ar y pontydd.

Y Brython, 22 Hydref, 1914

Photograph of an INCENDIARY BOMB found in Staffordshire after the Air Raid, January 31st, 1916.

he amount realized from the Sale of these Cards

Un o ffrwydron yr Almaen

Flwyddyn yn ddiweddarach roedd trigolion y cylch yn dal i boeni am y ffair, ond y tro hwn roedd mater arall wedi dyfod i'r amlwg. Erbyn hyn roedd DORA, sef y *Defence of the Realm Act* wedi dod i rym.

> **BETH AM Y FFAIR?** – Ceir llawer yn dyfalu beth wneir yn 'Ffair y Borth' eleni gan fod Deddf yn gosod i lawr na cheir goleuo yng ngolwg y môr.
>
> *Y Clorianydd, 13 Hydref, 1915*

Ni ddaeth yr awyrlongau ac ni ddigwyddodd dim yn ystod y ffair, ond roedd hi'n amlwg fod yna sibrydion yn dal i fodoli am ysbïwyr a therfysgwyr. Fe ymddangosodd y darn canlynol yn y wasg leol yn ystod haf 1915, sef blwyddyn bron iawn ers i'r rhyfel dorri allan.

> **GŴR DIEITHR**
> Ddydd Llun wrth fynd i'r cae, canfu William Hughes, un o weision Plas Llanfair, ddyn yn gwneud cynlluniau o'r Fenai a'r pontydd. Aeth William ato a dywedodd y lluniwr mai gweithio dros y Llywodraeth yr oedd, a chan na allai brofi hynny i fodlonrwydd y Cymro, aeth W. H. ag ef i'r pentref, a rhoddodd y dyn yng ngofal yr heddlu. Nis gwyddom beth fu'r canlyniad.
>
> *Y Wyntyll, 17 Mehefin, 1915*

Roedd rhai o drigolion yr ynys hefyd yn pryderu'n fawr am yr U-Boats, ac yn wir roedd rhai pobl wedi dod i gysylltiad â llongau tanfor yr Almaen.

> 'Tra'r oedd sgwner yn teithio ger Moelfre'n ddiweddar neshaoedd bâd-tanforawl Germanaidd ati,' medd brawd ieuanc o ysgol Sir Llangefni, 'a

AETHWY AND DWYRAN RURAL DISTRICT COUNCILS.

PRICES OF COAL.

The Rural District Councils of Aethwy and Dwyran under the powers conferred on them by the Retail Coal Prices Order, 1917, hereby announce that the following Schedule of Prices has been drawn up by them (after consultation with the representatives of the Coal Merchants of the respective districts as to their costs) as the Maximum Prices chargeable for the sale of Coal by retail for domestic purposes within the said Rural Districts.

	Quality	
	Best.	Second.
(a) Sales of One ton or more at the following Railway Stations, namely :—Gaerwen, Bodorgan, Llanfair P.G. and Pentraeth	35/-	33/-
(b) Sales of One ton or more at Depots in the following Districts, namely :—		
Brynsiencyn	39/-	37/-
Dwyran	40/-	38/-
Niwbwrch	39/-	37/-
Llangaffo	39/-	37/-
Malltraeth	37/-	35/-
Hermon	37/-	35/-
Llansadwrn	39/-	37/-
Llanddona	43/-	41/-
Llandegfan	40/6	38/-
Llangoed (if delivered from Wharf to Depot)	37/6	35/6
„ (if delivered from Railway Station to Depot, ...	45/-	43/-
Pentraeth	36/-	34/-
Do. Red Wharf	39/-	37/-
Gaerwen	36/-	34/-
Llanddanielfab	37/-	35/-
Llanfair P.G.	35/-	33/-

(c) One shilling per ton extra to be added to the above prices if Coal is sold in Bags.

(d) Sales of Quantities less than a ton, but not less than 5 cwts. to be at same rate as A and B.

(e) Sales of Quantities less than 5 cwts. to be at same rate as A and B with a penny per cwt. extra for Baggage.

The foregoing prices include the 2/6 per ton in respect of the increased colliery prices for Coal at the pit's mouth granted by the Controller of Coal Mines as from the 15th October, 1917.

By Order

BENJAMIN EVANS,
Clerk Aethwy Rural District Council.
WILLIAM ROBERTS,
Clerk Dwyran Rural District Council.

17th November, 1917.

Pris glo amser rhyfel

gofynnodd y Germaniaid am ychydig ddwfr. Estynodd fy nghefnder, bachgen pymtheg oed, ychydig ddwfr iddynt ond nid oeddynt yn barod i'w yfed heb iddo ef yng nghyntaf brofi ohono. Gwnaeth hynny, ac yna cymerasant hwythau ef, a diflanasant. Ni welwyd mor bâd-tanforawl drachefn. Perthynai'r sgwner i Connah's Quay.'

Y Genedl Gymreig, 6 Ebrill, 1915

O ganlyniad i'r holl gynnwrf hwn, fe ddyrchafwyd wyth o ddynion mwyaf parchus y plwyf yn gwnstabliaid arbennig yn ystod mis Tachwedd 1914. Yn eu plith roedd y gweinidog Methodist, y Parch. W. J. Williams; yr ysgolfeistr, John Owen; y Cadben O. Pritchard, Mona Cottage; dau o ffermwyr y fro sef O. Owen, Bryn Eira a T. E. Jones, Tyddyn Ddeici; Asiant Plas Newydd James Defferd, a'r Llafurwr amlwg, W. J. Pretty. Pretty hefyd oedd Cadeirydd Cronfa Milwyr a Llyngeswyr y cylch – mudiad fu wrthi'n brysur yn trefnu cyngherddau a chodi arian drwy gydol y rhyfel. Ym mhentref Star, ym mhlwyf Penmynydd ym mis Chwefror 1915 fe benodwyd dau gwnstabl arbennig; Robert Davies, Siop Star a J. T. Davies. Tua diwedd y rhyfel sefydlwyd cangen o'r Gwirfoddolwyr, ac fe ymddengys mai prif dasg y criw yma oedd helpu'r milwyr i warchod y Tiwb, neu Bont Britannia. Bu'r aelodau wrthi'n brysur yn drilio ddwywaith yr wythnos o dan lygad barcud y Cadben G. W. Senogles o'r Borth a'r Corporal William Pritchard.

Bu gwragedd yr ardal hefyd yn eithriadol o brysur. Bu merched Penmynydd ac aelodau Cymdeithas Ddirwest y Merched yn Llanfair wrthi'n gwau dillad ar gyfer y milwyr a'r morwyr. Yn Ionawr 1915 cawn adroddiad o brysurdeb merched aelodau'r Groes Goch ym Mhenmynydd yn yr *Holyhead Chronicle*.

PENMYNYDD The Parochial Committee of the Red Cross Society have sent in the following garments to the Menai Bridge Branch of the Society, from whence they have been forwarded to the Royal Welsh Fusiliers, Denbighshire Yeomanry, and Lancashire Regiments, about to go, or already at the front. Forty-two pairs of socks, 12 bed jackets, 6 Cardigan jackets, 6 night shirts, 12 knitted armlets, 6 sleeping helmets, 12 pillow cases, 6 body belts, 6 mufflers, and 6 pairs of mittens, numbering in all 114 garments, have been despatched. In addition to the above the sum of £6 15s has also been sent in, and a further contribution of money and garments will follow later on.

Holyhead Chronicle, 22 January, 1915

CYSURON I'R MILWYR CYMREIG.

Y mae pob gwlad yn helpu ei milwyr, a da gennym ddeall nad yw Cymru ar ol. Yn Llundain y mae Pwyllgor cryf wedi cymryd y mater i fyny. Y Llywyddes yw Countess of Plymouth, Cadeirydd y Pwyllgor yw Mrs. Lloyd George, ynghyda Lady Ninian Crichton-Stuart, Hon. Violet Douglas-Pennant, Lady Edwards, Lady Glanusk, Mrs. Ellis Griffith, Hon. Lady Herbert, Mrs. Reg. McKenna, Lady Beatrice Ormsby-Gore, a Mrs. Pryce Jones. Y Trysorydd Mygedol yw Syr Vincent Evans, a'r Ysgrifennydd Mygedol, Mr. W. Lewis.

Gwnaed Gwaith mawr eisoes trwy anfon dillad, &c., i'r gwahanol adrannau Cymreig, gartref ac oddicartref, y rhai sydd yn rhifo tua 150 o filoedd! Y mae y nifer yn ychwanegu, a'r angen am ddillad cynnes yn myned yn fwy o hyd.

Gweithiodd y merched a'u dwylaw yn dda, a chasglwyd yn dda, a chymerwyd mantais ar ddydd Gwyl Dewi Sant i roddi sylw i'r ymdrech hon.

Dyma gipdrem ar y pethau a anfonwyd hyd Awst diweddaf i'r Adrannau Cymreig yn ol cais eu Prif-swyddog:—Socs 12,442; Crysau 4991; Pants a vests 2,983; Mufflers 4,012; Menyg 1078; Myffatees 5,203; Helmets 962; Belts 801; Cardigan Jackets 1,719; Oilskin coats 115; Sebon 6,870; Llefrith tyniau 655; Te 50 pwys; Cigaretts 267,600; Tobacco 6,737 paced; Toffi, Chocolate a melusion 4,000 o bwysi; Boracic Ointment 2,050; Tyweli 329; Hancetsi poced 512, &c., &c. Heblaw hyn papur ysgrifennu, Testamenti, &c., a dillad i'r cleifion yn yr Ysbyttai Cymreig.

Y mae y gaeaf wedi dod, a gofynir eto i Ferched Cymru "Gofio y Milwyr, a Chofio y Clwyfedigion."

"Panseli" i'r Milwyr Cymreig i'w hanfon i Mrs. Lloyd-George, 11, Downing St., London, gyda list o'r cynnwys.

"Arian" i Sir Vincent Evans, National Fund for Welsh Troops, 11, Downing St. London.

Y merched a'r Rhyfel

Bu Cymdeithas Gyfeillgar y Merched yn y Gaerwen yn weithgar iawn yn casglu wyau ar gyfer y clwyfedigion, fel yn wir y bu merched y W.I. yn Llanfair.

EGGS FOR THE WOUNDED

The total number of eggs collected in the parish by the members of the G.F.S. during the last six months was 1,575. The greater number was sent to the National Egg Collection Depot, and the remainder to the Bodlondeb Red Cross Hospital, Bangor.

Holyhead Chronicle, 7 January, 1916

Ond heb os, cyfraniad mwyaf gwerthfawr y merched yn y cyfnod hwn oedd ym myd amaeth, yn enwedig y rhai a ymunodd â rhengoedd y Fyddin Dir. Fe amcangyfrifir bod oddeutu 2,700 o ferched wedi gweithio ar y tir yn ystod cyfnod y rhyfel, ac roedd cangen gref o'r fyddin ym Mhlas Newydd. Bu'r merched yn brysur, nid yn unig yn tyfu bwyd ar gyfer pobl, ond hefyd yn cynhyrchu'r tunelli o borthiant a oedd ei angen ar gyfer hanner miliwn o geffylau'r Fyddin Brydeinig ar y ffrynt orllewinol. Rhaid cofio fod pris bwyd, oherwydd prinder, wedi mwy na dyblu yn ystod blynyddoedd 1914–1918. Mae'r dyfyniad canlynol o'r *Wyntyll*, yn Awst 1917, yn tystio i'r gwaith caled a wnaed gan y Fyddin Dir.

Y GWAIR – Cludo garw sydd ar hwn o hyd, a'r traction engine yn ei brysur gludo bob dydd i'r orsaf. Gwelwn fod yn rhaid i ni wrth y merched gyda'r gwaith hwn eto.

Y Wyntyll, 12 Gorffennaf

Mae'n amlwg hefyd fod rhai o'r merched wedi bod yn weithgar iawn yn y gerddi a'r rhandiroedd lleol. Yn ystod y rhyfel, â bwyd yn brin oherwydd ymgyrch U-Boats yr

Almaen, fe grëwyd 33 o randiroedd, yn bennaf oherwydd dylanwad ac ymdrech y Cyrnol Cotton, Plas Llanfair. Fe ymddangosodd yr adroddiad canlynol yn y wasg yn 1917.

WAR TIME GARDENING AT LLANFAIR P.G.

(From a Correspondent)

Ever since September and long before the Government had convinced us that there would be a shortage of food, active steps were taken in the neighbourhood of Llanfair P.G. to secure land for allotment purposes. At first some difficulties were experienced, but when the promoters of the movement obtained the support of Colonel the Hon R. Stapleton-Cotton progress was made, and the Llanfair allotments are now a reality. They comprise about three acres of very suitable land. Part of it came into possession on the 1st of March, part on the 6th of that month, and the remainder comes in about mid-April, and will serve as a reserve for any contingencies that may arise...

Under existing circumstances the potato is pre-eminently the one vegetable to which most attention is being given. Colonel Cotton has secured for the allotment holders sufficient potatoes for planting the thirty-three odd plots which have been taken up, and arrangements have been made whereby the allotment holders can pay for these potatoes to the committee of management by easy installments. In addition to this, a plan has been devised by which these plots are to be manured this year with basic slag and sulphate of ammonia and at a merely nominal cost to the plot holders, who have to thank the gentleman previously mentioned for this timely help. Local farmers have rendered invaluable aid in ploughing up the land. Mr W. T. Prytherch, Mr Thomas Edwards, Mr Owen,

Bryn Eira, and Mr John Mathews have all helped either in the actual work or by subscribing to the general fund. Prizes for the best cropped plots, ranging from one pound down to half a crown, have also been subscribed for.

Holyhead Chronicle, 5 April 1917

Flwyddyn yn ddiweddarach, sef yn Awst 1918, deallwn mai un o ferched ifanc y plwyf, Gwennie Williams, a enillodd un o'r gwobrau am gadw'r ardd orau. Yn ystod cyfnod y rhyfel hefyd, sef yn 1915, y sefydlwyd y gangen gyntaf ym Mhrydain o Sefydliad y Merched, a bu hwnnw hefyd yn fudiad dylanwadol iawn yn Llanfair yn ystod y cyfnod hwn. Roedd hi'n amlwg fod gorwelion merched yn cael eu ehangu'n arw yn ystod y cyfnod cythryblus hwn, ac roedd eu cyfraniad i'r ymgyrch ryfel yn un pwysig iawn. Roedd y mwyafrif o'r cyfarfodydd yn trafod rhyw agwedd neu'i gilydd o amaeth, garddio, coginio a marchnata cynnyrch. Rhaid cofio mai un o'r mudiadau a fu'n gyfrifol am greu'r W.I. oedd yr *Agricultural Organization Society* – mudiad â'i wreiddiau yng nghefn gwlad Iwerddon. Mae llyfr cofnodion Sefydliad y Merched, Llanfair yn llawn o hanesion tebyg i'r enghreifftiau canlynol o'r flwyddyn 1916:

> At this meeting Mr E. Jones, of Llangefni, gave a most comprehensive description of the Board of Agriculture's Poultry Scheme. This was followed by a short talk on *The buying of good seed*, by Colonel Cotton. He advised the system of co-operative buying and suggested this be done from Sydenham's. (14 February, 1916)

> Mrs Hunter Smith, of the University, Bangor, demonstrated on the *easiest and most humane way of killing a fowl*; also the proper manner in which to dress

and prepare it, so as to increase its marketable value. (16 May, 1916)

This was a special meeting, to listen to a lecturer provided by the Agricultural Organization Society on *the conservation and bottling of fruit*. (16 June, 1916)

Erbyn Tachwedd 1916 roedd y merched wedi sefydlu cangen o'r Gymdeithas Gynilo neu'r *War Loan Association*, sef cymdeithas gynilo er mwyn codi arian ar gyfer y Rhyfel. O fewn mis roedd gan y mudiad 56 o danysgrifwyr, ac roedd rhagor na £150 wedi ei fuddsoddi. Flwyddyn yn ddiweddarach roedd dros £700 wedi'i gasglu. Unwaith eto, dyma enghraifft o ddyfeisgarwch a dyfalbarhad y merched. Ond, nid pawb oedd yn fodlon â'r datblygiadau hyn, fel y dengys y darn isod a ymddangosodd yn *Y Goleuad* – papur wythnosol y Methodistiaid, ym Mawrth 1916. Roedd hi'n amlwg fod rhai merched ar yr ynys yn mynd â phethau'n rhy bell.

Ymddengys fod yr ymyfed ym mysg merched yn myned ar gynnydd dirfawr yn Sir Fôn. Deallaf ei fod felly yng Nghaergybi. Gresyn na fuasai yn bosib gwneud rhywbeth i roddi terfyn ar y pechod ofnadwy hwn. Fe'u gwelir yn myned i'r dafarn yn hyf, a hynny mor aml a'r dynion. Y mae gwyr llawer ohonynt yn y ffosydd yn Ffrainc, a hwythau yn gwario eu holl arian yn y dafarn. Ofnaf weled ambell i ben teulu yn dod gartref ar ôl y rhyfel, oblegid yr olwg aflan sydd ar gartrefi llawer ohonynt. Onid yw'n ddifrifol meddwl fod yna lawer o wyr a thadau yn ymladd i gadw eu cartrefi rhag y gelyn, a'u gwragedd yn gwario eu harian yn ofer a throi eu tai yn ogof lladron, ac yn nythle pob aflendid. Y mae'n hen bryd i'r Llywodraeth symud yn y cyfeiriad hwn.

Y Goleuad, 10 Mawrth, 1916

Bu'r merched hefyd yn llenwi bylchau mewn meysydd eraill, ac fe gafodd sawl merch leol gyfle i wneud gwaith a arferid ei wneud gan ddynion yn y blynyddoedd cyn 1914. Mae hanes Margaret Grace Parry, Tŷ Croes, Llanddaniel, yn enghraifft dda o hyn.

Read
Letter dated 29th January from Mr Griffith Parry, Assistant Overseer for the parishes of Llanddanielfab and Llanedwen stating that he would be joining the Colours on the 1st of February next, and that at the meeting of the former parish held on the 20th January, his sister Miss Margaret Grace Parry was appointed to fill the vacancy during his absence, and that the Llanedwen Parish Council had asked her to act, also for that parish until the end of the financial year, 31st March next.

Llyfr Cofnodion Bwrdd Gwarcheidwaid Undeb Bangor a Biwmares, 16 Chwefror, 1917

Yr oedd gan blant hefyd, ran i chwarae yn y Rhyfel Mawr. Fel y merched, yr oeddynt hwythau hefyd yn gorfod helpu yn y gerddi a'r caeau ar adegau prysur. Mae Llyfrau Log y ddwy ysgol yn llawn o gyfeiriadau at hyn. Daw'r dyfyniadau canlynol o Lyfr yr Ysgol Fyny.

August 19th 1915. About half a dozen boys of school-age are away from school, employed by farmers etc.

July 3rd 1916. A number of boys are, as usual, being employed turnip-weeding on local farms.

May 7th 1918. The Head Teacher and the Upper Standard boys spent the afternoon in the School garden.

May 8th 1918. The boys and the Head Teacher in the garden in the afternoon.

June 21st 1918. School closed today for the Midsummer Holidays to reassemble on Tuesday July 30th.

These dates have been fixed by the L.E.A. in order to release boys to be of help to local farmers in turnip-weeding etc.

Yn 1918 ceir hanes plant o ysgolion bonedd Lloegr yn gwersylla'n lleol er mwyn helpu gyda'r gwaith. Yn Awst y flwyddyn honno bu oddeutu 50 o ddisgyblion Ysgol Winchester – '... bechgyn o fonedd ac ymddygiad rhagorol' meddai gohebydd lleol, yn gwersylla ym Mhlas Newydd ac yn helpu'r ffermwyr lleol gyda'r cynhaeaf ŷd. Bechgyn yr O. T. Corps oedd y rhain. Yn yr un mis fe fu plant ysgolion lleol wrthi'n ddygn yn cynaeafu cnydau o fath gwahanol.

MWYAR DUON A NWY MWSTARD

Cryn fwstwr a pharatoi sydd yma at hel mwyar duon i'r milwyr a'r llynges, a'r adran arall yn ddyfal chwilio am gerrig ffrwythau a phlisg cnau at achub bywydau rhag y 'mustard gas' Ellmynig, a dieflig, a phob ig arall.

Y Wyntyll, 29 Awst 1918

Bu'r plant wrthi hefyd yn gwneud cacenni Nadolig ar gyfer y milwyr. Yr oedd hon hefyd yn ffordd ddeheuig iawn o godi ysbryd y pentrefwyr, a rhai o'r bechgyn a oedd mor bell o'u cartrefi. Bu'r capeli wrth reswm yn gefn mawr i'r bechgyn fel y dengys y llythyr hwn o eiddo Thomas Hugh Owen, Tŷ Twr, at Thomas Owen, Pwllffannog, yn diolch am bwdin 'Dolig a anfonwyd ato gan aelodau Capel Ebeneser.

Jan 3rd / 16

Pte. T. H. Owen,
No. 31351 A Comp,
15 th R.W.F.
B.E.F.
France.

Fy Annwyl Frawd,

Dymunaf ddatgan fy niolchgarwch dyfnaf i chwi ar ran yr eglwys am y Pwdin Nadolig a dderbyniais yn sâf. Rhanwyd y cyfryw rhwng amryw o fy nghyfeillion a chawsom fwynhad mewnol yn y cyfranogiad o hono. Roedd ein rhan yn disgyn mewn lleoedd enbyd iawn ar adegau. Buom yn y trenches dros y Nadolig ac yn yr hwyr canwyd Emynau Cymreig gan amryw o'r bechgyn. Rhoddwyd boddhad dirfawr i'r Germans oedd yn gwrandaw yn y trenches tua can llath i ffwrdd. Byddaf yn meddwl llawer am danoch ac yr wyf yn gobeithio y caf eich gweled cyn bo hir. Pan oedd y Germans yn ein shellio ni y peth cyntaf a ddaeth i fy meddwl i oedd yr Emyn yma.

Duw mawr pa beth a welaf draw
Diwedd a braw i'r holl fyd.

Yr ydym yn credu yn eich gweddiau fellu parhewch i weddio ar ein rhan. Cofiwch fi yn garedig ar Mrs Owen hefyd y teulu. Rhaid im derfynu yn awr y mae yr udgorn yn galw gan ddymuno Blwyddyn newydd dda i chwi gyd.

Ydwyf

Yr Eiddoch yn gywir

T. H. Owen

P.S. Carwn air oddiwrthych pan fydd amser.

Yn drist iawn, bu farw Thomas Hugh Owen gwta ddeufis wedi hyn, ar Ddydd Gŵyl Dewi, 1916.

Cut out and keep this notice. Show it to everyone in your household.

Notes on Saving.—No. 3.

How to Save on Boots & Shoes

Always stand wet boots to dry with the soles uppermost.

If you have to go to the bootmaker remember that good thick shoes cost less and use up less leather than boots.

Never dry boots too near the fire. Scorched leather soon cracks. •

Don't buy boots that "look smart" for a few weeks and then wear out.

Hob-nails or rubber will double the life of your soles.

Don't exchange old boots for ferns and pot plants. Sell them. Leather will always fetch a price.

Thick boots for heavy wear will last longer if oiled now and then. Oil only when dry and clean.

Saving Shoe Leather means Saving money.

Invest your Savings in War Savings Certifica[tes]

£1 for 15/6. £50 for £38 :15 :0. £500 for £387[...]

If you have not yet joined a War Savings Association, it is your patriotic duty to do so. Apply to the Secretary of your Local War Savings Committee, or write to the National War Savings Committee, Salisbury Square, London, E.C. 4.

Every Shilling saved and lent helps to win the [...]

War Savings Certificates are a British Government Investment backed by all the wealth and power of the nation. Their purchase price is 15/6 each, and their value in 5 years' time £1 each—this is equivalent to compound interest at 5¼ per cent., free of Income Tax.

You can get your money back any time wit[h] terest which [...]

You can [...] Savings Cer[...] from any Mo[...] Post Office, Shopkeeper [...] Official Agen[...]

Cut out and keep this notice. Show it to everyone in your household.

Notes on Saving

No. 5.—How to save on Soap and Polish.

Never leave the soap in the water.

Melt down all the tiny bits and turn them into soap jelly.

Soap lasts twice as long if you harden it by storing in a cool, dry place.

Finely sifted ashes are better than soda for cleaning saucepans, steel, and the sink.

Powder and save broken gas mantles for cleaning silver.

Turn boot-polishing paste into a larger tin and mix with a little vinegar. It will last longer and not dry up.

Fine ashes mixed with vinegar make a splendid metal polish.

Use remnants of candle-wax for floor polish or to add to starch.

Saving on Soap means Saving Money.

Invest your Savings in War Savings Certificates

£1 for 15/6 £50 for £38 : 15 : 0 £500 for £387 : 10 : 0

If you have not yet joined a War Savings Association, it is your patriotic duty to do so. Apply to the Secretary of your Local War Savings Committee, or write to the National War Savings Committee, Salisbury Square, London, E.C. 4.

Every Shilling saved and lent helps to win the War.

War Savings Certificates are a British Government Investment backed by all the wealth and power of the nation. Their purchase price is 15/6 each, and their value in 5 years' time £1 each—this is equivalent to compound interest at 5¼ per cent., free of Income Tax.

You can get your money back in full at any time with any interest which is due.

You can buy War Savings Certificates from any Money Order Post Office, Bank, or Shopkeeper acting as Official Agent.

Hysbysebion Y Mudiad Cynilo

Fe ddaliodd y gweithgarwch hwn reit tan ddiwedd y rhyfel, er mor galed yr oedd pethau ar bobl, gyda bwyd yn brin a phrisiau'n ddychrynllyd o uchel. Llwyddodd Cymdeithas y Groes Goch, er enghraifft, i godi £1,000 18s a 5d yn ystod 1916–1918. Ymdrech a hanner o dan amgylchiadau mor anodd.

5

COLLI'R HOGIAU

Yr oedd cynnal y momentwm yn hollbwysig i'r Llywodraeth a'i chefnogwyr, oherwydd, wrth i'r rhyfel lusgo ymlaen fe newidiodd yr hinsawdd. Yn raddol, pylodd yr iwfforia, ac fe sobrodd y gymuned pan dorrodd y newyddion drwg – cymerwyd pedwar o'r llanciau'n garcharorion rhyfel. Cipiwyd un ohonynt, sef Pte. George Hughes yn 1915, ac o ganlyniad bu'n gaeth tan ddiwedd y rhyfel. Y lleill oedd J. Hughes, Minffrwd a'r ddau frawd R. J. a W. Evans. Clwyfwyd eraill, a bu sawl un yn wael iawn o ganlyniad i effeithiau nwy gwenwynig. Un o'r cyntaf i gael ei anafu oedd J. C. Williams, Eithinog, a chafwyd ei hanes yn *Y Clorianydd*.

> **MILWR WEDI EI GLWYFO** – Derbyniwyd hysbysiad fod Gunner J. C. Williams o'r Royal Garrison Artillery, mab Mr Robert Williams, Eithinog, Pwllffannogl, wedi ei glwyfo, ond nid yn beryglus felly, yn y rhyfel. Ysgrifenna rhingyll ei gatrawd fel a ganlyn i'w rieni: 'Mae eich mab yn ffafryn mawr yma. Mae bob amser yn barod i wneuthur unrhywbeth ac i fyned i rywle gyda ni. Efe yw'r llencyn mwyaf eofn a welais erioed. Er i mi fod mewn llawer ysgarmes gyfyng, ni phetrusodd gyflawni ei ddyledswydd; ac mae ein swyddog wedi dweud wrthyf pa mor feiddgar y mae. Mae ein battery wedi ei llongyfarch ddwywaith. Fe ddewiswyd eich mab i'w arolygu gan y Brenin Sior ar gyfrif ei waith da.'
>
> *Y Clorianydd, 1 Rhagfyr 1915*

Roedd yr hyn ddigwyddodd i un o fechgyn Llanedwen yn stori eithaf cyfarwydd. Yn Awst 1916 daeth yr hanes fod y

Wilfred Mitford Davies

Lefftenant W. Schubert Jones, Llwyn Onn, nid yn unig wedi'i glwyfo gan shrapnel, ond yr oedd hefyd yn dioddef o effeithiau'r nwy gwenwynig. Yn Ebrill 1918 daeth adroddiad am un arall o fechgyn y fro. Roedd y Pte. Wilfred Mitford Davies, yr artist o'r Star, wedi'i glwyfo ac yn gorfod treulio cyfnod yn yr ysbyty ym Mharc Cinmel.

Cafodd Thomas Thomas amser caled iawn:

> Balch oedd ardal Llanfair. P.G. o weled ymysg eraill, y Preifat Thomas Thomas wedi cyrraedd adref o'r ysbyty, lle y bu am lawer mis yn ceisio adferiad. Drylliwyd ei gorff gan y Dwrn Haearn, ac un aelod ar goll, fel yn hanes miloedd.
>
> *Y Brython, 25 Ebrill 1918*

Un arall fu'n bur wael am flynyddoedd oherwydd effeithiau'r nwy oedd Lewis Hugh Williams, Tyddyn Pwyth. Bu farw o effeithiau'r anafiadau ar 12 Chwefror, 1921 yn Ysbyty'r Fonesig Thomas yng Nghaergybi, ac yntau ond yn 24 mlwydd oed. Yna, yn anochel, fe ddaeth y llythyrau a'r telegramau yn cyhoeddi fod bechgyn ar goll, neu wedi cwympo ar faes y gad. Yn fuan wedyn byddai hanes y trueniaid yn ymddangos yn y wasg leol. Dau o'r rhai cyntaf i

Angladd Milwrol – Lewis Hugh Williams, 1921

golli eu bywydau oedd R. Evans, Tailon, a Charles Howells, Williams Terrace. Daw'r cofnod hwn o'r *Clorianydd*.

DAU WEDI CWYMPO – Drwg gan bawb yma oedd cael y newydd fod dau o'n milwyr wedi eu taro i lawr; Pte. R. Evans, Tailon, wedi ei ladd yn Ffrainc, ac y mae iddo weddw a phedwar o blant; a Charles M. Howells, Williams Terrace, wedi marw o afiechyd – efe'n

GᴠRI

HE whom this scroll commemorates was numbered among those who, at the call of King and Country, left all that was dear to them, endured hardness, faced danger, and finally passed out of the sight of men by the path of duty and self-sacrifice, giving up their own lives that others might live in freedom. Let those who come after see to it that his name be not forgotten.

Pte. Thomas Hugh Owen
Royal Welsh Fusiliers

Er cof am Thomas Hugh Owen

IN LOVING MEMORY

Of My Dear Son,

Pte. Thomas Hugh Owen

R.W.F.,

Who was killed in action in France

MAR. 1, 1916,

AGED 27 YEARS.

His task is o'er, his work is done,
And he is fully blest;
He fought the fight, the victory won,
And entered into rest.

391 DIES IRAE. M.68. (8.7.8.7.88.7.)

JOSEPH PARRY.

766 *Y Dydd Olaf*

Dduw mawr! pa beth a welaf draw?
Diwedd a braw i'r hollfyd!
Mi wela'r Barnwr yn nesáu
Ar gloer gymylau tanllyd:
Yr utgorn mawr yn seinio sydd.
A'r beddau'n rhoi eu meirw'n rhydd,
I wae, neu ddydd o wynfyd.

Ac wrth y floedd, y meirw 'Nghrist
Yn gyntaf a gyfodant;
I gwrdd eu Harglwydd fry uwchben
Yn llawen yr esgynnant;

Ei bresenoldeb dwyfol sydd
Yn troi eu nos yn fythol ddydd,
A'u gobaith prudd yn fwyniant.

O! Farnwr cyfiawn, gwrando'n cri,
Sydd mewn truein'n gorwedd;
O'th nefol ras, tosturia Di,
A dod i ni drugaredd:
O fewn y noddfa ceffir ni,
Agorwyd gynt ar Galfari,
Cyn delo dydd dialedd.

Cyf. BARDD NANTGLYN 1, 2; GETHIN 3.

388

Cerdyn coffa Thomas Hugh Owen

Thomas Hugh Owen, Tŷ Twr

fachgen ieuanc ac yn gadael tad a mam a brawd. Boed i'w teuluoedd a'u perthnasau ymdawelu o gofio iddynt ill dau farw o farwolaeth y dewr.

Y Clorianydd, 20 Hydref, 1915

Ychydig wythnosau ar ôl i'r telegramau gael eu hanfon, fe fyddai swyddogion a chaplaniaid y fyddin yn anfon llythyr mwy personol at deuluoedd y bechgyn. Mae'n werth dyfynnu rhai o'r llythyrau hyn yn eu cyfanrwydd. Un o'r llythyrau cyntaf i gyrraedd oedd un at Mrs Owen, Tŷ Twr, sef mam Thomas Hugh Owen.

15th RWF
BEF France

March 10th 1916
Dear Mrs Owen,

Please accept my deepest sympathy in the great loss you have suffered by the death of your son. He was one of the earliest to join the battalion and was known so well to all of us that we feel his loss to be a personal one. He was devoted to his work, a fine example to all the men. It will be consoling for you to know that he died nobly – 'without fear'. A son to be proud of.

Trusting you will be given strength to bear under this heavy blow.

Believe me to be yours sincerely
W. Allen Howells (Capt.), A Company.

Dyma'r llythyr a anfonwyd at fam William Evans, Maenafon (21 oed) gan y caplan Wesleaidd, o'r *Casualty Clearing Station* – sef yr ysbyty dros dro ar faes y gad – llythyr graffig dros ben.

46th CCS
BEF

Awst 25 1917
Annwyl Mrs Evans,

Derbyniwyd eich mab 53877, Pte W. J. Evans i mewn i'r ysbyty hwn brydnawn ddoe, gyda gunshot wound yn ei ben, yr hyn a achosodd compound fracture of the skull. Yr oeddwn wrth ei wely pan y bu i'w ysbryd ehedeg ymaith yn dawel 2.30 p.m. Awst 24ain 1917. Gyda gofid yr wyf yn ysgrifennu y fath newydd pruddaidd gan fy mod yn methu gwybod sut i ddefnyddio y geiriau pwrpasol er cysur i chwi. Ni allaf ond eich cyflwyno i Dduw sydd bob amser yn Dad cariadlawn. Rhoddodd eich mab ei fywyd dros achos anrhydeddus. Gall y bydd yn ychydig gysur i chwi wybod nad oedd yn bosib iddo ddioddef unrhyw boen. Rhoddais yr hyn oedd yn farwol o'r bachgen anwyl mewn mynwent filwrol hardd o'r enw Mendingham, a nodir y bedd allan gan groes yn dwyn ei enw etc, a bydd i flodau gael eu plannu a phob gofal ei dreulio ar y lle bychan. Pan y terfyno y rhyfel gallaf roddi manylion o berthynas i safle y llecyn.

Fy nghyfeiriad fydd c/o W. R. Budd, Dartmouth Road, Dublin.

Ydwyf mewn dwfn gydymdeimlad
W. J. Robinson
Caplan Wesleyaidd.

Dri mis yn ddiweddarach, cyrhaeddodd llythyr tebyg gartref W. R. Black, Tan Dinas. Roedd William Black (21 oed) yn athro yn ysgol Llanddeusant.

BEF
France

15–11–1917
Annwyl Mr a Mrs Black,
I fy rhan i y disgyn y gwaith pruddaidd o drosglwyddo i chwi y newydd digalon am farwolaeth eich mab. Yr oedd Sgt. Billy, fel yr adwaenid ef yn hoffus gan yr holl B. Coy, a'r oll yn y 13th, ar patrol pan y saethwyd ef yn ei ystumog. Daethom ag ef i mewn i'n llinellau ni a bu farw tra y gwasanaethid arno gan y Medical Orderlies. Yr oedd yn ymwybodol i'r diwedd ac yn adwaen ei gyfeillion, a bu farw yn dawel a di-boen.

Meddyliais y buasech yn [hoffi] cael derbyn y manylion er iddynt fod yn bruddaidd a digalon. Cerid ef gan holl fechgyn y cwmni fel bachgen da a rhinweddol, ac yr ydym oll yn teimlo trosoch yn eich profedigaeth. Caniatewch i mi fel swyddog ar ei gwmni estyn ein cydymdeimlad gonestaf a dyfnaf a chwi. Yn bersonol teimlaf ei golli gan i mi gael aml i ymddiddan am Ogledd Cymru trwy fy mod fy hunan yn efrydydd yng Ngholeg Bangor.

Bydd yn cael ei gladdu yfory, y Sadwrn, mewn pentref bychan ar y Lys, ac ymwelir a'r fynwent fechan ond cysegredig honno gan fechgyn Cymru, y rhai a edrychasant ar ôl mangre hun Billy. Gweddïaf ar i Dduw yn ei drugaredd anfeidrol eich cynorthwyo i ddal yr ergyd drymaidd a bydded i gydymdeimlad yr holl o B. Coy, estyn ychydig gysur i chwi.

Bydded iddo ef sydd yn gweled trwy yr oll eich harwain a'ch amddiffyn yw dymuniad calon B. Coy, fy hunan a'r holl swyddogion.

Yr eiddoch yn gywir a thrallodus,

J. P. Thomas, 2nd Lieut.

Mae'n anodd mesur yn union faint o drigolion yr ardal a laddwyd i gyd. 25 o enwau sydd ar y cofebau cynnar a godwyd ar ddechrau'r 1920au. Ond, yn ôl y gofeb ger yr orsaf, collodd yr ardal 33 o ddynion a bechgyn yn ystod y Rhyfel Mawr. Chwech ar hugain o Lanfair, dau o Lanedwen, a phump o Benmynydd – llawer iawn mwy nag a gollwyd yn yr Ail Ryfel Byd. Ond, fel y cawn weld ym Mhennod 11, fe gollwyd mwy na hyn. Roedd y gwir gyfanswm oddeutu 46 mae'n debyg. Dynion ifanc oedd y mwyafrif llethol o'r rhain, gyda 28 ohonynt o dan 30 oed, ac yn ffosydd y ffrynt orllewinol y cwympodd y mwyafrif ohonynt. Yr oedd chwech yn eu harddegau. Cwta 17 oed oedd Messach Rowlands, Pen Wal, Penmynydd.

Yn Ffrainc a Gwlad Belg y syrthiodd y mwyafrif, gyda'r rhelyw o'r rhai a laddwyd yn filwyr traed cyffredin ac yn aelodau o'r Ffiwsilwyr Cymreig. Roedd eraill am ryw reswm neu'i gilydd yn aelodau o gatrodau eraill: y Gwarchodlu Cymreig, Catrawd Warwick, Catrawd Swydd Gaer, y K.O.S.B., yr R.G.A. a'r R.F.A. Bu farw un o'r bechgyn C. M. Howells yn yr Aifft, a D. Williams, Tan y Bryn, Penmynydd yn yr Eidal.

Bu farw nifer ar y môr – rhai yn y Llynges Frenhinol, ac eraill, ar y llongau masnach. Bu farw R. Hughes, Minffrwd ar fwrdd y *Connemara* ar 3 Tachwedd, 1916, a hynny mewn gwrthdrawiad â llong arall yn Carlingford Lough. Dau stiward ar fwrdd yr *HMS Laurentic* oedd W. G. Hughes, White Lodge a C. Ollosson, Williams Terrace. Roedd y *Laurentic* ar ei ffordd o Lerpwl i Halifax, Nova Scotia, ac yn cario cargo arbennig iawn. Roedd 3,211 o fariau aur – gwerth £5,000,000 (yr adeg honno), ac yn pwyso oddeutu 43 tunnell – yng nghrombil y llong. Ond, ar 25 Ionawr, 1917, ger Lough Swilly oddi ar arfordir Swydd Donegal, fe darodd y *Laurentic* ffrwydryn. Suddwyd y llong ac fe gollwyd 354 o fywydau, ac yn eu plith y ddau yma o Lanfair. Cafwyd hanes colli Charles Ollosson yn y wasg leol yn fuan wedyn.

> **AR Y LAURENTIC** – Daeth hysbysrwydd, er gofid yr ardal, fod Mr. Charles Ollosson, yn un o'r rhai a gollwyd ar y llong uchod, a suddwyd yr wythnos diwethaf. Yr oedd yn swyddog cyfrifol, ac yn wr ieuanc poblogaidd.
>
> *Y Wyntyll, 8 Chwefror, 1917*

Bu farw Owen Jones, Crossing Terrace, aelod o'r Llynges Frenhinol, ym Mrwydr Jutland, a chafwyd cofnod o'i farwolaeth yng ngholofnau'r *Wyntyll*, fis yn ddiweddarach.

BRWYDR JUTLAND
Blin gennym gofnodi hanes un o blant yr ardal, sef

Owen Jones, mab Mrs M Jones, Crossing Terrace, Llanfair P.G., a phriod Mrs Grace Jones, 23 Dale Street, Menai Bridge, a gollodd ei fywyd gyda'r 'HMS Invincible' yn y frwydr fwyaf a welodd y byd erioed ar y môr. Yr oedd wedi ei alw i fyny ar ddechrau'r rhyfel, ag ymunodd a'r 'HMS Invincible' a chafodd ddyrchafiad i fod yn P.O.R.N.R. Yr oedd wedi bod trwy y brwydrau a ganlyn, Falkland Islands, Heligoland, a'r diwethaf yn Jutland gyda'r un llong.

Y Wyntyll, 29 Mehefin, 1916

Boddi wnaeth un aelod o'r fyddin hefyd, sef Herbert Alderson, a hynny o dan amgylchiadau anffodus iawn.

BODDI – Hysbysir fod y milwr Herbert Alderson, trydydd mab y diweddar Mr. W.C. Alderson, o'r 'Relay Office', wedi boddi yn Ffrainc. Bu allan yn y maes am ddeunaw mis, a dywedir mai mewn gwersyll yn gorffwys yr ydoedd. Aeth i ymdrochi Mehefin 7fed, a thybir iddo gael ei daro gan gramp. Aeth amryw o'i gyfeillion i geisio ei waredu ond ofer yr ymgais. Claddwyd ef yn barchus a disgrifiai ei swyddog ef fel un o'r bechgyn gorau wisgodd khaki erioed.

Y Wyntyll, 28 Mehefin, 1917

Un aelod o'r Llu Awyr, sef J. L. Horridge, Plas Llanfair, a gollwyd, a hynny'n fuan wedi'r Cadoediad ar 21 Tachwedd, 1918. Fe'i claddwyd ym medd y teulu yn Tottington, ger Bury, Swydd Gaerhirfryn.

Cafodd rhai teuluoedd amser anodd iawn, gan iddynt golli sawl aelod o'r teulu, fel y mae'r darn isod yn ein hatgoffa.

Diwrnod cymylog i lawer calon oedd dydd Gwener cyn y diweddaf yn Llanfair P.G. pan y cleddid priod y Preifat Wm. Evans, Maen Afon, ac ef druan yn garcharor yn Germani. A'r un dydd daearid ei hewythr, Capt. Wm. Jones, a drigai yn Liscard, a gollodd ei fywyd drwy i'w long gael ei thorpedio, ac a gollodd dau fab, un fel yntau yn gapten ar y môr, a'r llall yn Ffrainc. Dyna weddw drom ei chalon!

Y Brython, 13 Mehefin, 1918

Mae hanes John Williams, Cefn Capel, hefyd yn stori eithriadol o drist. Fe ymddengys iddo ymladd ym Mrwydr fawr Coed Mametz rhwng 7 a 12 Gorffennaf 1916, ond bu dirgelwch ynglŷn â'r hyn ddigwyddodd iddo. Am gyfnod credid ei fod ar goll, ond blwyddyn yn ddiweddarach y daeth cadarnhad ei fod wedi ei ladd.

Gair yn cyrraedd rhiaint John Williams, Pentre Uchaf, Llanfair P.G., iddo ddisgyn ym Mrwydr y coed flwyddyn yn ôl – a dyna flwyddyn hir a phoenus o bryder yn ei gylch, heb air amdano, nes daeth y sicrwydd angeuol.

Y Brython, 16 Awst, 1917

Stori debyg oedd un Bob Fair, Swyddfa Stad Plas Newydd. Tua diwedd 1917 daeth yr hanes ei fod ar goll, ond erbyn Ionawr 1918 cafwyd adroddiad ei fod yn garcharor rhyfel ac wedi ei glwyfo. Yn Chwefror daeth y newydd ei fod wedi marw.

DEIGRYN HIRAETH

Beth amser yn ôl yr oedd gennym nodiad yn y golofn hon am Pte. Bob Fair fod wedi ei gymeryd yn garcharor rhyfel. Erbyn hyn fodd bynnag, mae y newydd wedi dod ei fod wedi marw o'i glwyfau. Chwith yw meddwl na chawn weled y cyfaill addfwyn hwn eto. Yr oedd iddo lu o gyfeillion yma ac yn Rhosneigr, lle y bu yn gwasanaethu am gyfnod, ac yr oedd yn un ag y gellid yn hawdd wneud cyfaill ohonno. Fe erys hiraeth tra y gorffwys ymhell o gyffiniau ei fro dawel.

Y Wyntyll, 7 Chwefror, 1918

Ychydig yn ddiweddarach cafwyd ar ddeall ei fod wedi marw ers diwedd Hydref 1917.

Bu eraill farw nid oherwydd anafiadau ond oherwydd salwch, yn enwedig yn ystod dyddiau olaf yr ymladd pan ysgubwyd cyfandir Ewrop gan y 'ffliw Sbaenaidd', er enghraifft E. J. Williams, Tremarfon, mab y gweinidog Methodist. Dioddefodd ambell deulu fwy nag un ergyd – collodd Mrs Ellen Jones, Maenafon, er enghraifft, ei gŵr a dau o'i meibion. O ganlyniad, bu beirdd y fro yn brysur iawn yn talu teyrngedau i'r rhai a gwympodd. Dyma enghraifft o waith H.J.P. – Hugh Pretty mae'n debyg. Cerdd oedd hon yn dwyn y teitl, 'Adgof Hiraeth' yn coffáu Hugh Edwards, Rose Hill Cottage, a fu farw yn Chwefror 1917.

HE whom this scroll commemorates was numbered among those who, at the call of King and Country, left all that was dear to them, endured hardness, faced danger, and finally passed out of the sight of men by the path of duty and self-sacrifice, giving up their own lives that others might live in freedom.
Let those who come after see to it that his name be not forgotten.

Gunner Enwyr-James Williams
Royal Field Artillery

Mab y gweinidog — a fu farw yn y ffliw yn 1918 (Archifdy Môn)

Ffarwel fy annwyl gyfaill,
Fy nghalon sydd gan glwy',
Wrth feddwl nad oes obaith
Cael cwrddyd yma mwy:

Ond frawd mae gennym obaith
Cael eto gwrdd mewn hedd
Ar fryniau tragwyddoldeb
Yr ochr draw i'r bedd.

Cerdd arall yn yr un cywair oedd y gerdd ganlynol a
ysgrifennwyd gan W. J. Jones, yr athro ysgol, er cof am
Thomas Hugh Owen, Tŷ Twr.

'Killed in action'. Daeth y newydd
Tros y don o ferw'r gad,
'Killed in action', tra yn ymladd
Dros iawnderau, dros ei wlad;
I fro'r Fenai, mwy ni ddychwel
Gorffwys beth yn erw Duw;
Darfu'r frwydr, daeth ei heddwch
Mangre hun ga'dd Thomas Huw.

Erbyn 1917 ac 1918 roedd y wlad wedi blino'n lân â'r holl
frwydro. Ychydig o symud oedd yna ar y ffrynt orllewinol, ac
roedd y colledion yn dal i gynyddu. Roedd iwfforia 1914 ac
1915 wedi hen ddiflannu, ac roedd sinigiaeth a dadrithiad
wedi hen ddisodli'r jingoistiaeth, ac fe adlewyrchir hyn yn
glir yng ngwaith y beirdd. Robert Hughes, neu Gwyngyll,
(1890–1961) oedd y mwyaf huawdl efallai, fel y gwelwn yn
y ddwy gerdd ganlynol a ymddangosodd yn 1918.

Yr Heddwch Cuddiedig – O'r *Wyntyll*, 23 Mai, 1918

O Heddwch! p'le'r ymguddi?
Mae dewrion Prydain Fawr
Yn syrthio wrth ymchwilio
Am danat yn y brwydro
Ar dir a môr yn awr.

O Heddwch! p'le dihengaist?
Neu pwy'th ysbeiliodd di?
Oes raid i filoedd golli
Eu gwaed yn aberth i ti
Cyn dod yn ôl i ni?

O Heddwch! cysur penna'
Pob cenedl dan y nen,
Mae rhywun â chleddyfau
Yn caru gweled brwydrau
A chwerthin uwch dy ben!

O Arglwydd! dwg in' Heddwch
Yn ôl i Brydain Fawr:
Distawa sŵn y fagnel,
Gwna bawb yn un, heb ryfel,
Byth mwyach ar y llawr.

Di-deitl oedd yr ail gerdd, ac fe ymddangosodd hon hefyd yng ngholofnau'r *Wyntyll*, ar yr 22ain o Awst 1918.

Arglwydd beth a wnaethom
I dy ddigio Di?
Yw enwi gwlad fel Sodom
Gwlad yr uchel fri?
Gwlad y mawr addoli
Gwlad y breintiau Mawr
'Yw ein gwlad ni Iesu
Ar y ffordd i lawr?

Ond, bob hyn a hyn, fe ddaeth peth newydd da hefyd ynghanol yr holl newyddion drwg. Fe ddyfarnwyd medalau am ddewrder i sawl un o'r milwyr, ac roedd hyn bob amser yn destun dathlu. Yn 1915 cawn hanes y Pte. Christmas

Williams yn ennill y D.C.M. Yna, ym mis Medi 1917 dyfarnwyd y Bathodyn Milwrol neu'r M.M. i ddau o fechgyn y plwyf: John Owen, Frondeg a William Black, Tan Dinas. Gwobrwywyd John Owen, '... am ei wrhydri yn achub pedwar o fywydau pan ffrwydrodd un o'r gynnau mawr.' Un arall a dderbyniodd y fedal hon oedd Johnnie Pritchard – bachgen a fagwyd yng Nghartref Maesgarnedd. Yn anffodus, lladdwyd William Black a Johnnie Pritchard yn fuan wedi hyn. Aeth y M.M. hefyd i un o fechgyn Star, sef y Pte. W. Jones. Enillwyd y D.C.M. gan yr Uwch-Sarsiant W. C. Roberts, Fair View, a dyfarnwyd y *Croix de Guerre* i'r

Y milwr wedi troi'n arlunydd.
Neges Heddwch Plant Cymru

77

PLENTYN HEDDWCH YN GALW PLANT Y BYD.

Plant y Byd.

CYN y gallwn ni garu plant eraill y byd, rhaid i ni wybod rhywbeth amdanynt; ac felly, dyma i chwi ddarlun a hanes deuddeg ohonynt.

Y maent yn gwisgo yn wahanol, yn siarad yn wahanol, yn byw yn wahanol,—ac eto, y mae ein Neges ni yn mynd iddynt oll, i wlad oer yr Escimô yn ogystal ag i diroedd poeth yr India.

Trowch y tudalennau nesaf yn ofalus, a thra'n gwneud, penderfynwch nad ewch chwi fyth i ryfel â'r un ohonynt. Ac os penderfynwn ni oll, a holl Ieuenctid eraill y byd hefyd, bydd ein Neges ni, nid yn unig yn ffaith fawr yn Hanes Cymru, bydd yn garreg filltir hefyd yn hanes y byd.

107

Y milwr wedi troi'n arlunydd.
Neges Heddwch Plant Cymru.

Gunner Archie Wilkinson. Ond, ni allai neb gystadlu â'r Marcwis am anrhydeddau. Erbyn 1922, fe allai ymhyfrydu yn y teitlau canlynol: *Commander of St John of Jerusalem; Order of the Nile, 4th Class; Grand Cross of the Star of Italy and of Roumania; Grand Cross of the Order of Ismail; Grand*

Cordon of the Star of Ethiopia; Grand Cross of the Star of Afghanistan; Commander of the Legion of Honour.

Roedd stori ryfeddol Thomas Owen, Dryll, aelod o griw'r *Tara*, hefyd yn destun dathliad. Fe suddwyd y *Tara*, ar 5 Tachwedd, 1915, gan long danfor U-35, a hynny oddeutu 50 milltir i'r gorllewin o Alexandria. Ond chwarae teg i'r Almaenwyr, yn hytrach na gadael i bawb foddi, fe aed â'r holl griw mewn badau achub i Borth Sulieman (sydd heddiw yn cael ei alw'n Bardia, ac yn rhan o Libya). Yno, fe'u trosglwyddwyd i ofal byddin Twrci, ac fe fu'n rhaid iddynt orymdeithio ar draws yr anialwch nes cyrraedd carchar milwrol ar y 26ain o'r mis. Roedd y daith yn amlwg yn un anodd dros ben. Ond, fe ddaethant drwyddi.

> Hir y cofir yn Llanfair P.G. am gwrdd anrhydedd Mr Thos. Owen, Dryll, oedd yn 'boatswain' ar y Tarra ac a waredwyd mor wyrthiol o helfa'r 'Sennussi'. Cyflwynwyd iddo *Solid Silver Tray* gan y *Llanfair Naval & Military Fund* ac arno'n gerfiedig hanes ei helynt a'r waredigaeth. Y Proff. J. Morris Jones yn y gadair, a Mr. H. O. Hughes (oedd ar y Tarra a ddaethai o Gaergybi) yn annerch gan adrodd amdanynt yn byw am 48 o oriau ar chwarter peint o ddwfr, ac yn gorfod *ciniawa ar gamel oedd wedi boddi ers tridiau!*
>
> *Y Brython, 10 Awst, 1916*

Dyfarnwyd bathodyn hefyd i James Defferd, er iddo dreulio holl gyfnod y rhyfel yn Llanfair. Ym mis Hydref 1921, fe ddyfarnwyd bathodyn aur y Groes Goch iddo am ei waith clodwiw fel ysgrifennydd y gangen leol o'r gymdeithas. Cangen Llanfair mae'n debyg a gododd y swm uchaf o arian ar gyfer gwaith y Groes Goch drwy Sir Fôn i gyd.

6

1918 – HEDDWCH O'R DIWEDD?

Fe ddaeth y Rhyfel Mawr i ben yn derfynol ar Dachwedd yr 11eg a hynny am 11 o'r gloch y bore. Roedd rhannau helaeth o gyfandir Ewrop wedi'u dinistrio'n llwyr, ac roedd 11 miliwn o bobl wedi colli eu bywydau, a llawer iawn mwy na hynny, efallai cymaint ag 20 miliwn arall yn dioddef o effeithiau'r rhyfel – rhai yn dioddef yn gorfforol, eraill yn feddyliol. Yn rhyfedd iawn ychydig o ddathlu a gafwyd ar y pryd, ac yn wir ychydig o wir sylw a roddwyd i'r Cadoediad yn y papurau lleol. Roedd ffliw mawr 1918-19 yn ei anterth, ac efallai mai hyn fu'n gyfrifol am y diffyg dathlu. Yn araf, yn ystod yr wythnosau a'r misoedd nesaf, fe ddaeth bywyd yn ôl i ryw fath o drefn, ond er mawr siom i arweinwyr Rhyddfrydol ac Anghydffurfiol y pentref, ni fyddai pethau byth cweit yr un fath eto. Roedd rhyfel wedi newid pobl. Roedd rhyfel wedi ehangu gorwelion y werin ac fe ddechreuodd syniadau, gwerthoedd, ac agweddau pobl newid. Roedd yr hen fyd a fodolai cyn 1914 wedi diflannu – a hynny am byth.

Dechreuodd pethau newid yn ystod y rhyfel ei hun pan sefydlwyd cangen o Undeb Gweithwyr Môn yn Llanfair. Fe roddodd y Rhyfel Mawr gryn hwb i'r llafurwr ac i'r undebau llafur. Yn y trefi a'r dinasoedd, a'r ardaloedd diwydiannol, fe ddatblygodd undebaeth lafur yn gyflym. Ond, fe ddaeth yr undebau i gefn gwlad Môn hefyd – a'r pwysicaf o'r rhain oedd Undeb Gweithwyr Môn. 1917, fe ymddengys, oedd y flwyddyn dyngedfennol yn hanes y mudiad llafur yn lleol. Roedd gweithwyr Rwsia wedi codi mewn gwrthryfel, ac felly hefyd werin Môn. Yn y flwyddyn honno, fe lansiodd W. J. Jones, Brynsiencyn (Brynfab) ei ymgyrch fawr dros Sosialaeth a hawliau'r gweithwyr yng ngholofnau'r *Clorianydd* a'r *Wyntyll*. Aeth ei neges drwy'r fro fel tân gwyllt, gan atgoffa rhai o Ddiwygiad Mawr Evan Roberts yn 1904-05. Yn Hydref 1917, fe sefydlwyd cangen o Undeb Gweithwyr Môn ym Mhenmynydd, dan arweiniad Daniel Rowlands, Pen Wal, sef tad Messach y milwr 17 oed a laddwyd yn Ionawr 1916. Yna, fis yn ddiweddarach sefydlwyd cangen Llanfair a Llanedwen. Cadeirydd cyntaf y gangen oedd yr arloeswr hynod hwnnw, W. J. Pretty, gyda W. J. Jones, yr athro ysgol yn ysgrifennydd a Hugh Williams, Tŷ Hen, yn drysorydd. Roedd y cyfan yn gryn ysbrydoliaeth i Robert Hughes, Gwyngyll, y bardd.

MEWN UNDEB MAE NERTH
O'r *Wyntyll*, 25 Ebrill, 1918

Holl weithwyr amaethyddol
Apeliaf atoch chwi
I uno oll mewn Undeb,
A dod o wawd i fri.

Deffrowch. Paham y cysgwch?
Deffrowch, mae heddyw'n ddydd
Y gellwch ddod i Undeb
A bod yn weithwyr rhydd.

O fewn blwyddyn, yr oedd yr undeb wedi perswadio'r Cyrnol Owen Thomas, i sefyll fel ymgeisydd Llafur yn yr etholiad cyffredinol – ac yn un o'r etholiadau mwyaf cynhyrfus a welwyd erioed ym Môn, fe gipiodd Owen Thomas y sedd oddi ar y Rhyddfrydwr, Syr Ellis Jones Griffith. Pentrefi ac ardaloedd gwledig, fel Llanfair a Phenmynydd, a sicrhaodd y fuddugoliaeth ryfeddol hon i Lafur – tra oedd Caergybi, tref fwyaf Môn, yn soled o blaid y Rhyddfrydwr.

Daeth yr hen sefydliad Anghydffurfiol o dan warchae a hynny o sawl cyfeiriad arall hefyd. Y criw nesaf i ddangos eu grym a'u dylanwad yn y pentref oedd y Cymrodyr – neu i ddefnyddio teitl llawn y mudiad, *The Comrades of the Great War*. Mae hanes y pentref yn 1919 i weld yn troi'n gyfan gwbl o gwmpas y criw hwn. Fe sefydlwyd cangen o'r Cymrodyr yn Llanfair ar Nos Fawrth 28 Ionawr, 1919. O fewn mis roedd ganddynt bwyllgor a swyddogion. Y Llywydd cyntaf oedd E. G. Furneaux o'r *Cable Office*; W. J. Jones yr athro ysgol oedd yr ysgrifennydd, a dewiswyd Henry Williams, Tŷ Newydd, i gynrychioli Cymrodyr ardal y Star ar y pwyllgor. Roedd dau reswm dros sefydlu'r gymdeithas. Yn gyntaf, roedd dymuniad i sefydlu canolfan gymdeithasol o ryw fath ar gyfer y cyn-filwyr ac eraill. Yna yn ail, roedd ymgyrch ar droed i sicrhau fod y milwyr a anafwyd, ynghyd â theuluoedd y rhai a gollwyd, yn derbyn y pensiynau oedd yn ddyledus iddynt. Yn ddiddorol iawn, un o'r penderfyniadau cyntaf a wnaed gan y Cymrodyr ddiwedd Mawrth 1919 oedd datgan eu bwriad i roi ymgeiswyr ymlaen ar gyfer etholiadau'r Cyngor Plwyf. Cawn fwy o hanes yr etholiad hwn maes o law. Fe wnaeth y Cymrodyr waith da hefyd yn cynorthwyo'r di-waith pan ddechreuodd y dirwasgiad frathu ddechrau'r dau ddegau. Gwyddom fod sawl aelod wedi cael cymorth ganddynt, er enghraifft, yn ystod gaeaf caled 1921.

Bu Furneaux yn swyddog hynod o effeithiol yn ystod y tair blynedd y bu wrth y llyw, ac yn dilyn ei symud o'r Swyddfa yn Llanfair i Penzance, ac yna i Newfoundland yn ystod haf 1922, fe fu'n rhaid i'r gangen chwilio am Lywydd newydd. Ni fu'r Cymrodyr yn hir cyn perswadio'r Parch J. J. Evans, gweinidog Rhos y Gad a Chefn Bach, rhwng 1921 (a Llywydd y Cyfarfod Misol yn 1924), i ymgymryd â'r swydd. Gweinidog yn Niwbwrch fu J. J. Evans ar ddechrau'r Rhyfel Mawr, ond penderfynodd mai allan yn y maes gyda'r bechgyn y dylai fod. Felly aeth yn gaplan gyda'r milwyr Cymreig gan dreulio peth amser yn Ffrainc. Yn 1927 collodd ei unig fab oherwydd effeithiau'r rhyfel, a bu yntau farw ddwy flynedd yn ddiweddarach.

Bu'r Cymrodyr hefyd yn cydweithio'n agos â mudiadau eraill yn y pentref. Roedd pawb yn Llanfair yn 1919 am fanteisio ar y cyfle i ddiolch i'r bechgyn am eu hymdrechion – y capeli a'r eglwysi, y Cyngor Plwyf a'r Pwyllgor Croesawu. Yn ystod Mawrth fe ddatgelwyd cynlluniau'r Pwyllgor Croesawu. Roedd cyfarfod enfawr i gael ei drefnu yn ddiweddarach yn y flwyddyn, ac yn y cyfarfod hwn fe fyddai pob un o'r 180 fu'n ymladd yn y rhyfel yn derbyn Beibl hardd, gwerth tua 15 swllt. Roedd y Pwyllgor eisoes wrthi'n casglu'r £150 yr oedd ei angen i dalu am y Beiblau. Erbyn Mehefin, roedd hi'n amlwg fod y syniad o Feibl hardd wedi cael ei roi o'r neilltu. Ond, doedd y Cymrodyr mae'n amlwg ddim yn rhy siŵr beth fyddai'n dderbyniol – roedd rhai o blaid derbyn waled ledr dda, tra roedd eraill yn ffafrio ffon gerdded. Y ffon gerdded a orfu.

Trefnwyd y cyfarfod enfawr ar gyfer rhywdro ym mis Awst, ond yn y cyfamser cafwyd achlysur arall. Ar ddydd Sadwrn, 19 Gorffennaf, 1919, cafwyd diwrnod dathlu'r Heddwch ym Mharc Plas Newydd. Cafwyd diwrnod i'w gofio. Mabolgampau i'r plant ac yna i'r oedolion; gwledd swmpus, ac yna uchafbwynt y diwrnod – cyflwyno bathodynnau i dri o'r Cymrodyr; y D.C.M. i W. C. Roberts, a'r M.M. i John Owen, Frondeg a W. Jones, Star.

Cafwyd y cyfarfod croeso ar 9 Awst, 1919, yn Lecture Hall, Capel Rhos y Gad. Roedd yr ystafell yn orlawn gydag oddeutu 300 o bobl yn bresennol. Uchafbwynt y cyfarfod oedd cyflwyno '*silver mounted walking stick*' i 180 o fechgyn ac i berthnasau'r rhai a gollwyd.

Mae gan bentref Llanfair hyd heddiw reswm arall i ddiolch i Gymrodyr 1919. Mewn cyfarfod ym Medi'r flwyddyn honno, pasiwyd i sefydlu tîm pêl-droed. Cafwyd y gêm gyntaf yn erbyn Cymrodyr Llannerch-y-medd ym mis

Tachwedd, ond o fewn dim roedd y *Comrades* wedi newid
eu henwau, a daeth y *Chocolates* i fodolaeth. Roedd yna dîm
llwyddiannus iawn wedi codi yn y pentref ym mlynyddoedd
olaf y bedwaredd ganrif ar bymtheg – ond daeth y cyfan i
ben yn ystod Diwygiad Mawr 1904-05. Ond, ar ôl 1918
daeth chwaraeon yn boblogaidd unwaith eto. Tua 1920, fe
sefydlwyd Clwb Tenis yn y pentref – ond pentref pêl-droed
oedd Llanfair yn ei hanfod. Yn 1919, fe lwyddodd gweision
amaethyddol yr ynys i gael 'noswyl un' ar y Sadyrnau, a hyn,
yn anad dim arall a roddodd yr hwb mwyaf i'r gêm yn lleol,
a chafwyd prawf pellach o hyn pan ail-ffurfiwyd Cynghrair
Môn. O fewn dwy flynedd, yr oedd Llanfair wedi llwyddo i
adeiladu tîm cadarn, ac yn 1924, fe gyflawnodd y *Chocolates*
y dwbwl, gan ennill y Gynghrair a Chwpan Dargie. Mae'n
werth nodi cymaint roedd y byd wedi newid yn y
blynyddoedd hyn. Yr oedd y tîm bellach yn cyflogi dau
chwaraewr proffesiynol, a'r Cadeirydd yn y blynyddoedd
llwyddiannus hyn oedd y Cynghorydd William Jones, Bryn
Salem, perchennog yr *Anglesey Motor Mart*, a blaenor
parchus gyda'r Methodistiaid Calfinaidd yn Rhos y Gad. Yr
oedd pêl-droed, fe ymddengys, bellach yn dderbyniol, ac yn
wir, bron mor barchus â biliards. Gêm newydd arall a
ymddangosodd yn y degawd canlynol oedd bowls. Yn 1936
agorwyd lawnt fowlio'r pentref. Fe welwyd cryn newid felly
yn agwedd trigolion y fro tuag at chwaraeon. Yr oedd
digwyddiadau 1905, bellach yn hen, hen hanes a oedd yn
perthyn i ryw fyd arall.

Y trydydd grŵp i ddod i'r amlwg yn ystod cyfnod y rhyfel
oedd Sefydliad y Merched – neu'r W.I. Fe sefydlwyd y W.I.
yn y Graig, Llanfair, yn Medi 1915, a hon oedd y gangen
gyntaf o Sefydliad y Merched yng ngwledydd Prydain. O'r
cychwyn cyntaf, yr oedd hwn yn fudiad bywiog a deinamig,
ac fe fyddai'r merched wrthi'n eiddgar yn trafod bron bob
testun dan haul. Mewn un ystyr, yr oedd y mudiad hwn yn

cyfateb i Gymdeithas Cymru Fydd, a sefydlwyd gan Ryddfrydwyr gwrywaidd y plwyf, genhedlaeth ynghynt. Yr oedd y ddau fudiad yn rhoi pwyslais ar addysg, ar ehangu gorwelion eu haelodau, ac yr oeddynt hefyd yn fudiadau a roddodd hyder a hyfforddiant i bobl gyffredin yn y grefft o siarad yn gyhoeddus. Pynciau yn ymwneud â'r cartref oedd yn cael y sylw pennaf gan y W.I., ond weithiau, fe fyddai hyn, yn anochel efallai, yn eu harwain i feysydd gwleidyddol, megis iechyd cyhoeddus a'r cyflenwad dŵr lleol. Yn hyn o beth fe ddaethant, yn ystod 1919-20, i wrthdaro â rhai o'r cyrff cyhoeddus yn lleol. Mater y dŵr, mae'n debyg, a ysgogodd chwech o'r merched i ymgeisio am seddi ar y Cyngor Plwyf ym mis Ebrill 1919. Roedd gan y Cymrodyr hefyd ddau o ymgeiswyr yn y maes, sef Richard Evans, Crossing Terrace – y cyn-garcharor rhyfel – a W. J. Jones yr athro ysgol, ac ysgrifennydd yr Undeb a'r *Comrades*. Am y tro cyntaf ers 1894 felly roedd gan y Rhyddfrydwyr, a oedd wedi rheoli'r Cyngor Plwyf o'r cychwyn cyntaf, ornest go iawn o'u blaen.

Ni welwyd y fath beth erioed, ond o leiaf yr oedd yn dangos yr hyder a oedd ymhlith y merched. Roedd un wraig wedi sefyll yn yr etholiad cyntaf yn 1894, ac fe lwyddodd Mrs. Louise Dew, Carreg Brân, i ennill 16 o bleidleisiau, ond tua gwaelod y pôl y daeth hi.

Yr oedd digwyddiadau 1919 yn fêl ar fysedd Rhys Dafydd o'r *Clorianydd*, ac fe ymddangosodd y gerdd ganlynol yn ei golofn ar 26 Mawrth, 1919 – ychydig ddyddiau cyn y pleidleisio:

> Mi welaf fod bri,
> Yn Llanfair P.G.
> Ar ethol Cynghorwyr y plwy',
> Rhyw ddwsin a thri
> Sydd ddigon i ni,
> Ond enwir dau ddwsin a mwy.

Mae'r merched yn dod,
Am gyfran o'r clod,
Ond hawdd dewis gormod o'r rheiny:
Yr aelwyd a'r serch,
Yw teyrnas y ferch,
A'r dynion i drin y cwteri!!

Etholwyd un o'r Cymrodyr, sef Richard Evans, ond colli a wnaeth pob un o'r merched, ac ni ddaeth yr un ferch arall i'r maes ar ôl hyn tan 1937, ac aflwyddiannus fu'r ymgais honno hefyd. Yr oedd hi'n amlwg bod merch, sef Megan Lloyd George (a etholwyd yn 1929), yn dderbyniol fel Aelod Seneddol – ond nid fel aelod o'r Cyngor Plwyf! Yn wir, fe fu'n rhaid disgwyl tan fis Mai 1964, cyn gweld gwraig, sef Mrs Ann Lloyd Jones, Plas Garnedd, yn cael ei hethol ar y Cyngor – 70 mlynedd wedi'r etholiad cyntaf. O 1919 ymlaen felly, yr oedd yn rhaid i'r merched, drwy gyfrwng y W.I. yn bennaf, weithio fel carfan bwyso. Methiant llwyr fu'r ymgais i dorri grym y sefydliad Rhyddfrydol gwrywaidd.

7

Y COFIO – Yr ymdrechion cynnar

Heb os, yr oedd colli'r hogiau yn un o ddigwyddiadau mawr yr ugeinfed ganrif. Doedd neb am i ddigwyddiadau 1914–1918 fynd yn angof, ac felly'r cwestiwn mawr cyntaf i wynebu trigolion y cylch, a hynny yn ystod y rhyfel ei hun, oedd sut yn union y dylid cofio aberth y bechgyn? Roedd rhai pobl eisoes wrthi'n brysur. Roedd y mudiad i sefydlu Cronfa Goffa Dewrion Gogledd Cymru neu'r *'Memorial to the Fallen Heroes of North Wales'* mewn bodolaeth ers Ionawr 1917, yn bennaf oherwydd ymdrechion a haelioni R. J. Thomas, Garreglwyd, Caergybi. Fe sefydlwyd cangen o'r mudiad hwn yn Llanfair yn ystod mis Gorffennaf 1917, fel y dengys y darn isod o'r *Chronicle*.

NORTH WALES HEROES' MEMORIAL
A public meeting was held at the Lecture hall, on Thursday in support of this movement. Col. The Hon. R. S. Cotton presided and addresses were delivered by the Rev. John Williams, Brynsiencyn; Mr W. Edwards, Hologwyn; and Professor Morris Jones. It was announced that Colonel Cotton had promised £100 towards the fund. A local committe has been appointed with the following officials: Chairman, Professor Morris Jones, treasurer Mr W. T. Prytherch; secretary Mr James Defferd, Anglesey Estate Office.
Holyhead Chronicle, 20 July, 1917

Rhoddodd Thomas £20,000 o'i arian ei hun i lansio'r ymgyrch arbennig hon, ac erbyn diwedd y rhyfel roedd £61,000 wedi ei gasglu. Erbyn 1925 roedd yna £75,000 yn y gronfa. Codwyd dros £35,000 ym Môn, a bu trigolion

TO THE PARISHIONERS

OF

Llanfair Pwll Gwyngyll and District.

The Parish Council has decided to call a PUBLIC MEETING of all the Parishioners on THURSDAY, 27th FEBRUARY, *1919* at 7 o'clock in the LECTURE HALL, to consider the question of a suitable Memorial to our Fallen Heroes in the Great War.

Your presence is earnestly requested.

JOHN OWEN,
Clerk to the Council.

Y cyfarfod cyntaf i drafod Cofeb. Chwefror 1919 (Archifdy Môn)

Llanfair a'r Borth yn hynod o hael gyda'u harian. Codwyd £4,297 7s a 6d yn y ddau le yma. Comisiynwyd pensaer, ac fe aed ati i godi'r gofeb enfawr yn cofnodi enwau'r 8,500 o fechgyn y gogledd a gollwyd, a hynny ar dir yn perthyn i Goleg y Brifysgol ym Mangor. Agorwyd y gofeb hon yn Nhachwedd 1923. Roedd yna ddigon o arian dros ben i adeiladu adran wyddonol newydd ar Ffordd Deiniol, ac i sicrhau ysgoloriaethau i fyfyrwyr o ogledd Cymru.

Ym Medi 1917, fe ddadorchuddiwyd cofeb unigryw iawn, a hynny ar gyfer un unigolyn, sef John Pritchard. Roedd Preifat Johnnie Pritchard yn un o blant Cartref Maesgarnedd, a bu farw ddechrau Tachwedd 1916, ac yntau'n 19 mlwydd oed.

Mae'n amlwg fod stori marwolaeth Johnnie Pritchard wedi cyffwrdd sawl un, gan gynnwys Gwarcheidwaid Undeb Bangor a Biwmares, fel y dengys y cofnodion isod.

The following report of the Visiting Committee Report book of the Maesgarnedd Home having been read namely:

The Home was visited on the 25th January, and was informed that one of the children brought up there, named John Pritchard, who went to service at Hirdrefaig, he joined the Army and had gained the Military Medal for conspicuous bravery on the field, but subsequently got killed in action, he was in the 10th R.W.F. No. 15689.

It was resolved

That it be placed on record, the Board's admiration of the gallant conduct rendered by the deceased soldier, while at the same time deploring the loss of such young life in serving his King and Country

Llyfr Cofnodion Bwrdd Gwarcheidwaid Undeb Bangor a Biwmares, 16 Chwefror, 1917

O ganlyniad, aeth y Gwarcheidwaid ati i drefnu cofeb i Johnnie Pritchard a chawn stori'r dadorchuddiad yn llawn yn *Y Wyntyll* yn hwyrach y flwyddyn honno.

DADORCHUDDIO DARLUN – Yr oedd dydd Sadwrn, Medi 29ain, yn ddiwrnod pwysig yn Maesgarnedd Home. Daeth nifer o foneddigesau a boneddigion ynghyd i ddadorchuddio darlun o Private Johnnie Pritchard, yr hwn am ei wroldeb ar faes y frwydr yn Ffrainc, a enillodd y Bathodyn Milwrol, ond a gollodd ei fywyd ychydig ddyddiau'n ddilynol. Yr oedd yn enedigol o Fethesda, a chafodd ei ddwyn i fyny yng Nghartref Maesgarnedd. Dadorchuddiwyd y darlun gan y Parch W. Morgan, M.A., Cadeirydd Bwrdd Gwarcheidwaid Bangor, a rhoddodd anerchiad fuddiol a phwrpasol i'r amgylchiad. Gwnaeth gyfeiriad hefyd at Private Bobby Taylor, un arall o'r bechgyn a ddygwyd i fyny yma, a hwn hefyd oedd yn bresennol yn y cyfarfod, efe ar 'leave' diweddaf cyn wynebu am faes y frwydr. Rhoddwyd derbyniad cynnes iddo. Wedi'r dadorchuddiad cafwyd adroddiad effeithiol gan nifer o'r bechgyn. Yr oedd yr adroddiad hwn 'The True Heroes' yn wir bwrpasol i'r amgylchiad. Cafwyd gair gan Mr Thomas Edwards, Tyddyn Fadog, yr hwn a roddodd ganmoliaeth uchel i Mr Joseph Davies, Bangor, cychwynnydd y symudiad a'r hwn a'i cariodd allan yn rhagorol. Cydnabu Mr Davies y diolchgarwch a'r cyfeiriadau caredig. Yn dilyn cafwyd gair gan Mr J. Owen, Ysgolfeistr, a gwnaeth sylwadau tyner am Pte. Johnnie Pritchard – 'Cefais fantais i'w adnabod yn dda pan yn dilyn yr ysgol o dan fy athrawiaeth. Yr oedd yn fachgen tawel ac ni roddodd ddim pryder, a phrofodd hynny pan gafodd y test. Y mae pob un sydd o natur dawel yn fwy dewr pan ddaw y pwys.' Gwnaeth Mr Owen amryw gyfeiriadau eraill ato. Yn nesaf cafwyd cân actio gan nifer o'r bechgyn 'The Merry Little Soldiers'. Yna cododd Mr J. Davies i ddiolch i'r Parch W. Morgan. Terfynwyd trwy ganu 'Duw gadwo'r Brenin.' Yn awr awd at y byrddau i fwynhau te rhagorol a ddarparwyd gan Mr a Mrs Owen. Wedi mwynhau y wledd hon, gwnaeth y plant eto eu rhan trwy ganu ac adrodd. Diolchwyd i'r plant gan Mr W. J. Pretty. Siaradwyd ymhellach gan Mr W. R. Jones, Bodlondeb, a Mr J.Owen, Council School. Galwodd Dr a Mrs Williams, ynghyda Mr Mathews, Council School,

Menai Bridge, yno ac yr oeddynt yn gofidio na fuasent wedi gallu dod mewn pryd. Anfonwyd llythyrau yn datgan eu gofid na fuasent yn gallu bod yn bresennol gan Esgob Bangor, Parch T. C. Williams, M.A., Parch Keinion Thomas, ac eraill. Cafwyd cyfarfod rhagorol iawn; un na fydd iddo fyned yn angof yn fuan yn meddyliau y rhai oedd yn bresennol.

Y Wyntyll, 11 Hydref, 1917

Aeth aelodau'r Bwrdd ati hefyd i godi plac yn cofféu Johnnie Pritchard yn Ysgol y Cefnfaes, Bethesda. Yn ôl y Dr Elwyn Hughes, yr awdur a'r hanesydd o Fethesda, mae'n eithaf posib mai ar y bachgen hwn y sylfaenwyd y cymeriad Elwyn Pen Rhes, yn nofel Caradog Prichard, *Un Nos Ola Leuad*. Roedd hwnnw hefyd yn filwr ifanc a enillodd fedal, ac a fu farw yn fuan wedyn. Yn ddiddorol iawn, fe aned Johnnie Pritchard yn 2 Pen y Bryn Place, Bethesda – tŷ sydd bron yn union dros y ffordd i Lwyn Onn, ble ganed Caradog Prichard. Fe roddwyd un darlun arall i gartref plant Maesgarnedd yn ystod y blynyddoedd hyn. Yn Ionawr 1918 dadorchuddiwyd darlun o'r enwog Boy, 1st Class, John Travers Cornwell V.C., a glwyfwyd yn ddifrifol ar fwrdd yr *H.M.S. Chester* ym Mrwydr Jutland. Er nad oedd gan y bachgen unrhyw gysylltiad â Llanfair, roedd y bwriad y tu ôl i'r rhodd yn eithaf amlwg, sef i hybu ac i feithrin ymdeimlad gwlatgarol ymhlith yr ifanc.

Dull arall o gofnodi aberth y bechgyn oedd trwy greu rhestrau anrhydedd. Yn Llanfair, y Wesleaid mae'n debyg gychwynnodd y gwaith o greu rhestrau anrhydedd, fel y dengys y darn isod.

ROLL OF HONOUR

Yn ffenestr masnachdy Mrs Pritchard, Draper, arddangosir Roll of Honour hardd gydag enwau y rhai sydd wedi ymuno o eglwys y Wesleyaid arni. Y mae

GWASANAETH
Dadorchuddio'r Gofeb.

Capel y Methodistiaid Calfinaidd, Llanfairpwll.

NOS IAU, MAI 26ain, 1921, am 6-30 o'r gloch.

Llywydd—Mr. W. JONES, Bryn Salem.

Y Rhyfel Mawr.

Er Cof am y Gwyr Ieuainc o'r Gynulleidfa hon a roddes eu bywyd dros eu gwlad 1914-1918.

Sgt. Wm. Black	R.W.F.	Tan Dinas
L. Cpl. Edward Owen	R.W.F.	Ty Capel
L. Cpl. Thomas Parry	R.W.F.	Hen Shop
Gnr. Emyr J. Williams	R.F.A.	Trem Arfon
Pte. Hugh Edwards	R.W.F.	Rose Hill
Pte. Wm. John Evans	R.W.F.	Maen Afon
Pte. Robert Fair	Rl. Warwick Regt.	Estate Office
Pte. John F. Lewis	R.W.F.	Britannia Terr.
Pte. Edward Parry	R.W.F.	Pen 'Rallt
Pte. Wm. Jones Rowlands	R.W.F.	Bryn Goleu

" EU HENWAU'N PERAROGLI SYDD,
A'U HUN MOR DAWEL YW."

Rhestr Anrhydedd
Cynulleidfa y Methodistiaid Calfinaidd Llanfairpwll.

...au y rhai a fu yn gwasanaethu yn y Fyddin a'r Llynges yn y Rhyfel Mawr 1914-18.

...t W. R. Black	R.W.F.	Tan Dinas
...t J. T. Davies	R.W.F.	Star Stores
W. M. Davies	R.W.F.	eto
W. Davies	R.A.V.C.	Crossing Terrace
H. Edwards	R.W.F.	Rose Hill
Henry Edwards	R.G.A.	eto
H. Evans	R.A.M.C.	Maen Afon
W. J. Evans	R.W.F.	eto
O. R. Evans	R.W.F.	eto
W. Evans	3rd Wiltshires	eto
I. L. Evans	R.A.S.C.	Tyn Lon
R. Fair	Royal Warwick Regiment	Estate Office
W. J. Griffith	R.W.F.	Cae Cyd
J. B. Griffiths	2/10 Londons	eto
T. Griffiths	R.W.F.	Ty Glas
I. Hughes	R.W.F.	Maen Afon
H. Hughes	R.W.F.	Wern
H. Hughes	S.W.B.	Swan
B. Hughes	R.A.S.C.	Grand Lodge
H. Hughes	R.F.A.	Greenwich House
K. Jones	R.E.	Bryn Salem
H. Jones	M.T.R.A.S.C.	Swan
Jones	R.A.S.C.	Pensarn
W. Jones	R.F.A.	Cae Cnycing
Corporal O J. Jones	R.W.F.	eto
R. D. Jones	Labour Corps	eto
Hugh Jones	R.W.F.	Shop Siglan
D. Jones	R.G.A.	Caerau
...ier O. Jones	R.F.A.	Britannia Terrace
J. F. Lewis	R.W.F.	Ty Capel
d Owen	R.W.F.	eto
Corporal E. Owen	R.W.F.	Dryll
. Owen	H.M.S. Tara	eto
E. Owen	Welsh Regiment	Maen Afon
W. Owen	H.M.S. Emperor of India	Mona Cottage
Private W. Pierce	Artists Rifles	Pen 'Rallt
Private E. Parry	R W F	eto
Private T. Parry	R W F	Hen Shop
Private W. Parry	R W F	eto
Lance Corporal T. Parry	R W F	Greenwich House
Private J. Parry	R W F	Garnedd Wen
Private H. Pritchard	R A F	eto
A.M. Emyr Pritchard	R E	Gwilym Terrace
Sergeant H. Pritchard	Cheshire Regiment	eto
Lance Corporal G. Pritchard	R W F	Fair View
C.S.M. W. C. Roberts. D.C.M.	R W F	eto
Private A. E. Roberts	R E	eto
Corporal R. Ll. Roberts	R W F	Glan Llyn
Private T. Roberts	R G A	Min Ffrwd
Driver R. Roberts	R A F	Tyddyn Isaf
A.M. H. Roberts	R W F	Bryn Goleu
Private W. J. Rowlands	R W F	eto
Private T. H. Rowlands	R F A	eto
Gunner Edward Rowlands	R A M C	Bronllwyn
Lieutenant W. R. Rowlands	Tanks Corps	Bryn Salem
Private W. Thomas	H M S Cardiff	Maen Afon
A B. L. Thomas	R W F	eto
Private W. H. Thomas	H M S Powerful	eto
O.S. J. Thomas	R G A	Oxford House
Gunner J. Thomas	H M S Carmania	Ty'n Cae
R.N.R. W. Williams	R W F	Voel Graig
Private W. H. Williams	R W F	e.o
Private R. O. Williams	R F A	Trem Arfon
Gunner E. Jones Williams	K O V L I	Williams Terrace
Captain W. T. Williams	R A F	Aubrey Terrace
A.M. T. Williams	H M S Teutonic	Bryn Salem
Sapper T. Williams	R E	Stag Cottage

wedi ei gweithio gan Mr Bertie Williams, Britannia Terrace. Ceir ôl llafur mawr arni, ac yn sicr y mae'n dwyn clod i Mr Williams.

Y Wyntyll, 27 Rhagfyr, 1917

Yna, yn fuan ar ôl i'r ymladd ddod i ben, sef yn Chwefror 1919, bu rhai o ferched y plwyf wrthi'n brysur yn casglu enwau ar ddeiseb er mwyn ceisio cael math mwy dramatig o gofeb. Roeddynt yn awyddus i gael '... un neu ddau o ynnau i fod yn arhosol yma.' Daeth dim o'r syniad hwnnw. Ni chafwyd yr un gwn – ond fe gafwyd *shell*!

Y SHELL – Erbyn hyn y mae shell fawr oedd yn pwyso tua ddeuddeg cant pwys a anfonwyd i Lanfair

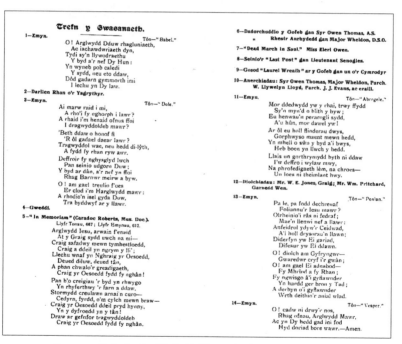

Gwasanaeth dadorchuddio'r Gofeb yng Nghapel Rhos y Gad.

93

APEL.

Sefydliad Coffa Llanfairpwll.

Mewn Cyfarfod Cyhoeddus o'r Plwyfolion yn Llanfair, Chwefror 27ain, 1919, penderfynwyd yn unfrydol cychwyn mudiad i goffau y bechgyn aberthasant eu bywyd dros eu gwlad, ac i'r goffadwriaeth hono fod ar ffurf Sefydliad (*Institute*) pentrefol.

Etholwyd Pwyllgor (yn cynnwys cynrychiolwyr o'r Cymrodyr, Sefydliad Pentrefol y Merched, a Phlwyf Llanedwen) i hyrwyddo y mudiad.

Mae Ardalydd Môn yn garedig wedi addaw darn o dir gerllaw Ffordd-deg i adeiladu arno,

Er mwyn cyfarfod ag angen y milwyr dychweledig, ac ieuenctyd yr ardal, sicrhaodd y Pwyllgor denantiaeth yr hen Ysgol am chwe' blynedd am ardreth o Swllt yn y flwyddyn. Awd i draul o tros £74 i adgyweirio yr adeilad, a chasglwyd y swm trwy gynnal Cyngherddau, Dramas, &c., yn ychwanegol at roddion gwirfoddol.

Teimla'r Pwyllgor y dylid symud ymlaen ar unwaith gyda'r Sefydliad Coffa, a bwriada aelodau o'r pwyllgor ymweld a'r plwyfolion yn bersonol er cael addewidion a thanysgrifiadau at y mudiad. Mawr hydera y Pwyllgor y rhoddir cefnogaeth teilwng i'r mudiad gan bawb sy'n parchu coffa ein glewion.

Dibyna llwyddiant y mudiad yn hollol ar ewyllys da a chydweithrediad calonog yr ardalwyr yn gyffredinol.

Rhoddir pob mantais i dalu yr addewidion yn fân symiau.

Wele restr o'r addewidion sydd wedi dod i law yn barod :

Col. the Hon. R. S. Cotton	£100
J. Horridge, Ysw.	100
Mr W. H. Pritchard...	100
Mr Wm. Jones, Bryn Salem	25
Mr a Mrs J. Matthews, Siglan	25
Mr a Mrs Thomas Edwards, Tyddyn Fadog	21
Miss Williams, Minydon	5
Miss Ceri Jones	5

Dros y Pwyllgor—

W. H. PRITCHARD, Cadeirydd.
WILLIAM JONES, Trysorydd.
JAMES DEFFERD, Ysgrifenydd.

O.N.—Gan nad oes arian mewn llaw at ddodrefnu yr hen Ysgol yn briodol, bydd y Pwyllgor yn ddiolchgar os y cydsynia'r Tanysgrifwyr i roi cyfran fechan o'r tanysgrifiadau tuagat brynu ychydig ddodrefn angenrheidiol i gario yr Institute presennol yn ei flaen am gyfnod.

Mawrth, 1921.

Ymgyrch codi arian ar gyfer adeiladu Neuadd Goffa

am eu haberth yn ystod wythnos cynilo tuag at y gynnau wedi cyrraedd, ac wedi ei gosod yn ysgol y Cyngor. Y mae geiriau pwrpasol wedi eu cerfio arni ar ddarn o bres. Cedwir hi yn yr Ysgol nes ceir lle pwrpasol i'w rhoddi.

Y Wyntyll, 13 Mai 1920

Yn ystod blynyddoedd cynnar y 1920au aeth y capeli a'r eglwys ati i godi eu cofebau eu hunain. Yr un cyntaf i ymddangos oedd cofeb capel Rhos y Gad. Yn Nhachwedd 1920, fe benderfynodd y Methodistiaid gael tabled efydd a Rhestr Anrhydedd gwerth £70. Fe luniwyd y cyfan gan un o grefftwyr y fro, sef Mr Bertie Williams, Maes y Don. Fe ddadorchuddiwyd y Gofeb Efydd yn rhestru'r 10 aelod a fu

Y Gofeb yn yr Eglwys

farw, a'r Rhestr Anrhydedd yn cofnodi enwau pob un o'r 68 o aelodau a ymrestrodd, ar Nos Iau, 26 Mai, 1921, a hynny gan yr Uwchgapten Wheldon a'r Cyrnol Cotton.

Yna, ar Nos Wener yr 11eg o Dachwedd, sef noson y Cadoediad 1921, fe ddadorchuddiwyd Rhestr Anrhydedd Capel Annibynwyr Ebeneser. Am chwech o'r gloch fe orymdeithiodd y Cymrodyr o'r Tollborth, i fyny Allt Graig ac i'r Capel Bach. Yn dilyn gwasanaeth byr fe ddadorchuddiwyd y gofeb gan y Parch a Mrs Keinion Thomas. Cofnodwyd enwau 37 o aelodau'r capel a ymunodd â'r lluoedd, ac enwau'r tri a gwympodd. Roedd Diwrnod y Cadoediad yn amlwg yn ddigwyddiad o bwys i drigolion Llanfair ac yn enwedig i aelodau'r Capel Bach am flynyddoedd wedi hyn, fel y dengys y darn isod o'r *Clorianydd.*

> **TREM YN ÔL** – Fel llawer man arall trwy'r wlad bu seremoni o gofio am y Cadoediad yn ein hardal ninnau. Am hanner awr wedi naw y bore daeth y cyn-filwyr at y Llythyrdy, ac aed yn orymdaith i Eglwys y Plwyf. Yno gwasanaethai y Parch D. Herbert. Yr oedd y cyn-filwyr wedi dodi plethdorch wrth bob cofeb oedd yn yr addoldai. Hefyd yr oedd yr Annibynwyr wedi neillduo cyfarfod y nos i'r amcan o gofio am aberth y gad. Llywyddai Mr John Owen (ieu) Fron Deg, a chafwyd ganddo anerchiad ar Gynghrair y Cenhedloedd. Cymerwyd rhan hefyd gan Misses O. Edwards, M. Lloyd, M. A. Jones, Mary Evans, D. Defferd, a'r Mri James Defferd, T. Woodfine, Bob Hughes, Dyfed Howells, Gomer Owen, a R. Hughes (Gwyngyll).
>
> *Y Clorianydd, 14 Tachwedd 1923*

Ar 18 Ionawr, 1923, yr agorwyd yr olaf o'r cofebau yn yr addoldai – y tro hwn yn Eglwys y Santes Fair. Unwaith eto cafwyd gorymdaith gan y Cymrodyr, ac fe ddadorchuddiwyd y gofeb, yn nodi enwau'r 25 o fechgyn y fro a fu farw, gan y cyn-forwr William Williams, Ty'n Cae. Yn ôl pob sôn William Williams oedd y cyntaf o Lanfair i ymrestru yn y lluoedd ar gychwyn y rhyfel. Mae'r gofeb hon yn un eithriadol o gywrain, ac wedi ei llunio o alabastr a marmor. Cost y gofeb hon yn 1923 oedd £135.

Ond cofebau yn perthyn i'r eglwysi a'r enwadau oedd y rhain, ac roedd sawl un yn awyddus i gael cofeb ar ran y gymuned gyfan.

8

HYNT A HELYNT Y NEUADD GOFFA

Mewn cyfarfod o'r Groes Goch, a hynny ar ddiwedd 1918 y gwyntyllwyd am y tro cyntaf y syniad o gael ystafell i'r Cymrodyr, ac fe gafwyd dechreuad swyddogol ar bethau ar 27 Chwefror, 1919. Yn dilyn cyfarfod cyhoeddus, fe benderfynwyd yn unfrydol i fynd ati i goffáu'r bechgyn. Yn ôl cofnodion y cyfarfod:

> Proposed by the Rev. W. J. Williams, seconded by W. J. Pretty and passed unanimously, to proceed with a suitable Memorial and that the same be in the form of an Institute or Village Hall.

Etholwyd Pwyllgor a oedd yn cynrychioli sawl corff o fewn yr ardal: y Cymrodyr, Sefydliad y Merched a Chynghorau Plwyf Llanfair a Llanedwen, a bu rhai o'r swyddogion a etholwyd y noson honno, yn weithgar iawn ar ran y mudiad, a hynny am nifer fawr o flynyddoedd. Yr aelodau amlycaf heb os oedd W. H. Pritchard, Tregarne; William Jones, Bryn Salem a James Defferd. Yn yr ail gyfarfod, a gynhaliwyd bythefnos yn ddiweddarach, fe aethpwyd ati i ddechrau ystyried safleoedd addas ar gyfer codi'r Neuadd Goffa. Ar y cychwyn roedd tri safle dan sylw. Roedd dau lecyn yn rhan o hen Gors y pentref, ond a oedd bellach ym meddiant Stad Plas Newydd. Roedd un o'r safleoedd hyn gyferbyn â Chapel Rhos y Gad, a'r llall rhwng Ffordd-Deg a Mona Villa (heddiw pedwar tŷ sydd ar y llecyn hwn sydd rhwng yr ysgol gynradd a'r Swyddfa'r Bost). Roedd y trydydd safle dan sylw rhwng y Tolldy a Snowdon View. Ond, yn ystod y misoedd nesaf fe ddaeth un safle posib arall i sylw'r pwyllgor – sef darn o dir ger y Butcher's Arms. Ni fu'r pwyllgor yn hir iawn yn gwneud ei benderfyniad. Ar 16 Hydref, 1919 fe gafwyd penderfyniad unfrydol ar y mater:

> Proposed by Sir John Morris-Jones, seconded by Mr Thomas Edwards and passed unanimously that the Committee recommends the site by Ffordd-Deg as the most suitable for the erection of the proposed War Memorial Institute.

Fis yn ddiweddarach, sef 18 Hydref, 1919, cafwyd sêl bendith y pentrefwyr mewn cyfarfod cyhoeddus. Yna, daeth y newydd fod Ardalydd Môn am roi'r darn o dir ar y Gors i'r pentrefwyr, a hynny'n rhad ac am ddim, ac felly fe aed ati ar fyrder i godi arian ar gyfer y gwaith. Cafwyd addewidion o bron £400 gan unigolion blaenllaw yn y fro, a £500 gan Sefydliad y Merched, ar yr amod eu bod yn cael ystafell eu hunain yn yr Institiwt newydd. Roedd pethau yn edrych yn addawol. Yna, tra oedd hyn yn digwydd, fe benderfynwyd bod angen rhywle dros dro i'r Cymrodyr ac eraill gyfarfod. Roedd rhai ohonynt wedi dechrau cyfarfod yn un o ystafelloedd Capel Rhos y Gad, ond doedd y lleoliad ddim yn addas o bell ffordd. Yn Awst 1919 fe ysgrifennodd E. G Furneaux, Min y Don, sef Cadeirydd y Cymrodyr, at Bwyllgor yr Institiwt yn gofyn am gymorth:

> At present the use of the small room at the C.M. Chapel has been allowed for meetings, but it is unsuitable as a club room... To provide suitable accomodation is an urgent matter, as now the long evenings are coming in, the men have nowhere to meet for social intercourse and amusement unless at the public houses.
>
> It is to avoid this and its consequent evils that we ask you to help provide a temporary place which could be suitable.

Llwyddwyd yn fuan iawn i gael gafael ar Hen Ysgol y Cyngor. Trefnwyd prydles o chwe blynedd, a hynny ar rent o swllt y flwyddyn. Gwariwyd £74 ar dwtio a thrwsio'r hen ysgol, ac yn fuan iawn daeth yn fangre poblogaidd. Fe'i hagorwyd yn swyddogol ar 5 Chwefror, 1920. Mae'n werth edrych ar reolau'r sefydliad – sydd yn ymddangos yn llym iawn i rywun o oes arall.

Llanfair P.G. Memorial Institute
Provisional Rules
1. The Institute is open to all males above 16 years of age, on payment of the membership fee.
   One year's membership – 2 shillings.
   One year's membership – Ex-servicemen – 1 shilling and 6 pence.
2. No Gambling allowed.
3. No person allowed on the premesis under the influence of drink.
4. Members are expected to behave in a gentlemanly manner, and to see that the rules are strictly observed.
5. The institute is open every evening (except Sunday) between 6.30 p.m and 10.00 p.m.

Roedd yna fynd garw ar yr Institiwt. Erbyn Medi 1920 roedd yna fwrdd biliards gwerth £40 wedi ei osod yno, ac yn ogystal â hyn fe fyddai copïau o'r *Daily Mail*, y *Liverpool Echo* a'r *North Wales Chronicle* yn cyrraedd yn rheolaidd. Rhoddodd rhai o foneddigion y fro lyfrau i'r Institiwt, a dyma felly sefydlu llyfrgell fechan. Erbyn Mehefin 1921 roedd ail fwrdd biliards wedi ei brynu – y tro hwn, un ail-law o'r Anglesey Arms ym Mhorthaethwy. Yn Ebrill 1921 daeth y Cymrodyr â chais arall gerbron y Pwyllgor.

An application submitted from the local branch of the
Comrades of the Great War for permission to grant
the use of the ground adjoining the Institute for the
purpose of a Rifle Range.

Cytunwyd i gefnogi'r cais. Erbyn 1921, gyda'r Institiwt 'dros
dro' yn ffynnu, fe aeth y pwyllgor ati i geisio rhoi hwb i'r
syniad gwreiddiol o adeiladu neuadd newydd sbon. Roedd y
cynlluniau gwreiddiol yn bur uchelgeisiol. Roedd y cynllun
terfynol yn ôl pob tebygrwydd yn debyg o gostio rhwng
£3,000 a £4,000 o bunnau. Prif nodwedd yr adeilad fyddai'r
neuadd fawr ar gyfer cyngherddau, dawnsfeydd a
chyfarfodydd a fyddai'n dal o leiaf 600 o bobl. Ar ben hyn
roedd yna fwriad i gael llyfrgell ac ystafelloedd darllen,
ystafell chwaraeon, ystafell bwyllgora, ystafell baned a
swyddfeydd. Ym mis Mawrth 1921, fe wnaed casgliad o
ddrws i ddrws – ond pur siomedig oedd yr ymateb, a bu'n
rhaid ail-edrych ar y cynlluniau, a daeth y pwyllgor i'r
casgliad mai'r peth gorau fyddai ceisio adeiladu estyniad i'r
Hen Ysgol, yn hytrach na bwrw ymlaen gyda'r cynllun
uchelgeisiol ar ochr y Lôn Bost. Wedi dweud hyn, roedd
hwn hefyd yn gynllun uchelgeisiol, gan fod yna lyfrgell ac
ystafell ddarllen, ystafell gymdeithasu ac ystafell bwyllgorau
i fod yn rhan o'r neuadd newydd. Dyma, mae'n debyg, pryd
y dechreuodd pethau ddirywio, a lle y dechreuodd rhai
unigolion ac ambell i fudiad ddigalonni a simsanu. Ym mis
Awst 1920 roedd aelodau'r W.I. eisoes wrthi'n ystyried codi
adeilad eu hunain. O fewn misoedd, yr oeddynt wedi
gwneud ymholiadau, ac wedi llwyddo i brynu un o gytiau'r
fyddin ym Mharc Cinmel. Erbyn Mehefin 1921, roeddynt
wedi ymgartrefu yn y cwt newydd. Mewn llai na blwyddyn,
fe lwyddodd y merched i godi £532 ar gyfer y gwaith, ac o
ganlyniad fe dynnwyd y cynnig o £500 ar gyfer neuadd
newydd i'r pentref yn ôl.

Digon anodd fu pethau am bron i flwyddyn wedi hyn. Ceisiwyd trosglwyddo'r darn tir, ger yr hen ysgol, i feddiant y plwyfolion, ond llethwyd y cyfan gan broblemau yn ymwneud â'r gweithredoedd a cheisio cael caniatâd ymddiriedolwyr y safle. Cafwyd yr hawl i symud ymlaen mewn cyfarfod cyhoeddus arall a gynhaliwyd ar 8 Ebrill, 1924, ac yn y cyfarfod hwn cafwyd sêl bendith trigolion Llanfair i'r cynllun diwygiedig newydd. Ond, rhywsut neu'i gilydd, codwyd sgwarnog arall. Yn hytrach na bwrw"mlaen â'r gwaith, fe benderfynwyd gwahodd Eisteddfod Môn i Lanfair yn 1926. Pam? Yn y gobaith y byddai'r elw o'r Eisteddfod honno yn ddigon i dalu am y gwaith o godi'r neuadd. Roedd hwn yn syniad da a synhwyrol – ond roedd yn golygu y byddai'n dal pethau'n ôl am ddwy os nad am dair blynedd arall. Fe ddaeth yr Eisteddfod i Lanfair, ac yn ôl James Defferd, roedd hi'n Eisteddfod i'w chofio. 'Cafwyd yr Eisteddfod orau fu yn y sir erioed ...' Gwnaed elw o £134, ac roedd pawb yn awr yn awyddus i weld y gwaith adeiladu'n cychwyn. Ond yn 1927 fe gafwyd unwaith eto drafferthion dybryd. Cafwyd ar ddeall fod yr eiddo bellach wedi ei ddychwelyd i berchnogion gwreiddiol y safle, sef Mrs Hughes, Min y Don (mam-yng-nghyfraith Syr John Morris-Jones). I wneud pethau'n waeth, roedd hi mewn oedran mawr, ac roedd Syr John (sef yr unig ymddiriedolwr oedd bellach yn dal yn fyw) yn bur wael.

Yn 1929 bu farw Syr John, ac o'r diwedd fe ddechreuodd pethau symud. Cyhoeddodd Mrs Hughes, Min y Don ei bod am roi'r darn tir i'r pentrefwyr. Aethpwyd ati i drosglwyddo'r gweithredoedd ac i ddewis chwe ymddiriedolwr newydd: John Mathews, Siglan; W. T. Prytherch, Bryngof; William Jones, Bryn Salem; Thomas Edwards, Tyddyn Fadog; W. H. Pritchard, Tregarne a James Defferd. Roedd y cyfan i'w reoli gan Bwyllgor Rheoli o 27 o bobl oedd yn cynrychioli bron bob sefydliad yn y pentref a thu hwnt. Cyflogwyd Mr Richard Owen, pensaer o Langefni, i gynllunio'r cyfan, ac fe basiwyd y cynlluniau gan Gyngor Aethwy ar 14 Mawrth, 1930. O'r diwedd, ym mis Mai 1930, wedi deuddeng mlynedd o drafod a chynllunio a chodi arian, fe ddechreuwyd ar y gwaith o adeiladu'r estyniad. Erbyn mis Hydref roedd yr adeilad yn barod i'w

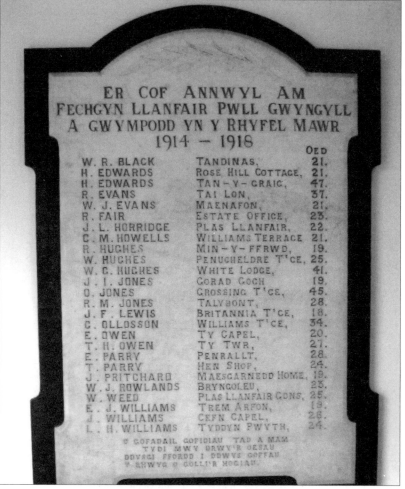

ER COF ANNWYL AM FECHGYN LLANFAIR PWLL GWYNGYLL A GWYMPODD YN Y RHYFEL MAWR 1914 – 1918

		OED
W. R. BLACK	TANDINAS,	21.
H. EDWARDS	ROSE HILL COTTAGE,	21.
H. EDWARDS	TAN-Y-GRAIG,	47.
R. EVANS	TAI LON,	37.
W. J. EVANS	MAENAFON,	21.
R. FAIR	ESTATE OFFICE,	23.
J. L. HORRIDGE	PLAS LLANFAIR,	22.
C. M. HOWELLS	WILLIAMS TERRACE	21.
R. HUGHES	MIN-Y-FFRWD,	19.
W. HUGHES	PENUCHELDRE T'CE.	25.
W. G. HUGHES	WHITE LODGE,	41.
J. I. JONES	GORAD GOCH	19.
O. JONES	GROSSING T'CE,	45.
R. M. JONES	TALYBONT,	28.
J. F. LEWIS	BRITANNIA T'CE,	18.
C. OLLOSSON	WILLIAMS T'CE,	34.
E. OWEN	TY CAPEL,	20.
T. H. OWEN	TY TWR,	27.
E. PARRY	PENRALLT,	28.
T. PARRY	HEN SHOP,	24.
J. PRITCHARD	MAESCARNEDD HOME,	19.
W. J. ROWLANDS	BRYNGOLEU,	23.
W. WEED	PLAS LLANFAIR GDNS,	25.
E. J. WILLIAMS	TREM ARFON,	19.
J. WILLIAMS	CEFN CAPEL,	26.
L. H. WILLIAMS	TYDDYN PWYTH,	24.

O GOFADAIL GOFIDIAU TAD A MAM
TYDI MWY ORWY'R GESAU
DDYSGI FFORDD I DDWYS GOFFAU
R RHWYG O GOLLI'R HOGIAU.

Y Gofeb yn y Neuadd Goffa

War Memorial Institute

(Neuadd Goffa)

Llanfair Pwll Gwyngyll,

Opening Ceremony

and

Unveiling of Tablet

❋

Tuesday, 23rd December, 1930

AT 2-30 P.M.

RHAGLEN.

1. CYFLWYNO ARDALYDD MÔN (Llywydd) gan Mr. W. H. Pritchard (Cadeirydd y Pwyllgor).
2. TROSGLWYDDO'R AGORIAD i Iarll Uxbridge gan Lady Morris-Jones.
3. AGORIAD FFURFIOL Y NEUADD GOFFA—Iarll Uxbridge.
4. DADORCHUDDIO'R TABLED COFFA—Ardalydd Môn.
5. DAU FUNUD DISTAW.
6. GWEDDI—Y Parch. D. Herbert.
7. EMYN—

Cawn esgyn o'r dyrys anialwch   O fryniau Caersalem seir gwelod
I'r beraidd Baradwys i fyw ;   Holl daith yr anialwch i ayd ;
Ein henaid lluddedig gaiff orffwys   Pryd hyn y daw troeon yr yrfa
Yn dawel ar fynwes ein Duw :   Yn felys i lanw ein bryd ;
Dihangfa dragwyddol geir yno   Cawn edrych ar stormydd an ofnau
Ar luchod, cystuddiau, a phoen,   Ac angau dychrynllyd, a'r holl
A gwledda i osoodd diderfyn   A niunau'n ddilangof o'n cyrraedd,
Ar gariad anrhaethol yr Oen.   Yn nofio mewn cariad a lusbl.

8. THE LAST POST—Mr. H. Senogles.
9. ANERCHIADAU—
     Hanes y Mudiad—Mr. J. Defferd.
     Adroddiad Ariannol—Mr. Wm. Jones (Trysorydd).
     Ardalydd Môn (Llywydd).
     H. R. Davies, Ysw., M.A., D.L., Y.H. (Llywydd Undeb Neuaddau, &c., Môn).
     Y Parch. R. E. Davies (A).
     Y Parch. Gwilym Roberts (W).
     Y Parch. H. H. Williams (B).
     Mr. W. H. Pritchard.
10. CYNNIG DIOLCHGARWCH i Ardalydd ac Ardalyddes Môn a Iarll Uxbridge gan Mr. John Owen, Garneddwen a'i eilio gan Mr. W. R. Jones.

"Hen Wlad fy Nhadau."
"Duw gadwo'r Brenin."

STATEMENT OF ACCOUNTS FOR THE YEAR ENDED 31st MARCH, 1933.

RECEIPTS.	£	s.	d.	EXPENDITURE.	£	s.	d.
Income from Billiards (including hire of Institute Conservative Assoc., £2 2/-)	116	13	11	Dr. Balance from last year's Accounts	52	9	4
Income from Table Tennis	3	8	5	Caretaker's Wages	63	12	0
Membership Fees	17	12	0	Lighting and Heating	33	5	9
Drama Proceeds	2	12	6	2nd Instalment in respect of loan through			
Donations	3	14	9	A.U. of Village Halls	53	4	0
Whist Drives Proceeds	17	9	2	Conveyance of Billiard Team (1931-32)	3	14	0
Christmas Tree	29	9	7	Papers	2	14	2
Share of affiliation fee from Women's				Repairing Black Board	0	12	6
Institute (5 years)	1	6	3	Christmas Handicap Prizes	1	16	0
C.M. Chapel—Hire of Electric Light	4	1	0	Affiliation Fee A.U. of Village Halls	0	10	6
Contribution from Bridge Party	0	10	6	Expenses Billiards Committee	4	0	0
Contributions towards Chairs	1	6	11	Printing and Stationery	1	10	0
Hire of Chairs	0	6	0	Sundry Expenses	3	10	0
				Labour on ground	1	16	9
	198	11	0	Insurance	2	10	0
Dr. Balance 31st March, 1933	29	8	0	Cheques and Charges	2	14	0
	£227	19	0		£227	19	0

TOTAL LIABILITIES 31st MARCH, 1933.	£	s.	d.
Dr. Bank Balance	29	8	0
Balance of loan to A.U. of V. Halls	159	12	0
	£189	0	0

Audited and found correct—JOHN OWEN.
JAMES DEFFERD.

13th April, 1933.

Rhaglen Seremoni agor y Neuadd Goffa — 1930

ddefnyddio. Fe gostiodd y cyfan £1097 ac 16 swllt. Roedd y Pwyllgor rhyw £356 yn brin o'r nod ar ddiwrnod yr agoriad – ond fe gliriwyd y cyfan o'r ddyled hon o fewn pum mlynedd.

Pnawn Mawrth, 23 Rhagfyr, 1930 oedd diwrnod dadorchuddio'r gofeb ac agor y Neuadd Goffa. Daeth pawb ynghyd erbyn 2.30 i ddisgwyl teulu Plas Newydd. Seremoni fer, urddasol, eithaf dirodres a gafwyd a chyflwynwyd goriad i'r Ardalyddes gan y Fonesig Morris-Jones. Agorwyd y drws, ac yna aeth y Marcwis ati i ddadorchuddio'r garreg goffa yn y cyntedd. Yna, cafwyd dau funud o dawelwch, gweddi fer, yr emyn 'O fryniau Caersalem' ac yna'r 'Last Post'. Wedi hyn aeth pethau'n flêr! Y nawfed eitem ar y rhaglen oedd yr anerchiadau, a'r cyntaf ohonynt daniodd y gynulleidfa. Cafwyd amlinelliad o 'Hanes y Mudiad', gan James Defferd ac aeth ati i gofnodi'r holl droeon trwsgl o 1918 ymlaen. Ond, aeth ymhellach nag adrodd hanes. Dechreuodd amddiffyn yr hyn yr oedd pwyllgor y Neuadd Goffa wedi ei wneud, ac yna aeth ati i bardduo'r Cymrodyr.

'I wneud chwarae teg â'r pwyllgor,' ebe Mr Defferd, 'credaf y dylwn gyfeirio at un peth anffodus ynglŷn â'r mudiad yma, sef y tro annoeth a wnaeth cangen leol Cymdeithas y Cyn-filwyr drwy dynnu yn ôl eu cynrychiolaeth ar y pwyllgor llynedd.'

Ar hyn, fe dorrwyd ar draws James Defferd.

Y Siaradwr: 'Yr wyf yn gwrthwynebu hynyna. Fe gawn ei drafod.'
Y Cadeirydd: 'Order please.'
Y Siaradwr: 'Yr wyf mewn order. Peidiwch â chyfeirio at y British Legion yn tynnu yn ôl eu cynrychiolaeth.'
Y Cadeirydd: 'Order.'

Aeth James Defferd yn ei flaen i drafod rhesymau'r Cymrodyr dros dynnu allan o'r ymgyrch dros neuadd bentref. Credai fod yna dri rheswm ganddynt. Yn gyntaf y cwestiwn o arafwch y gwaith; yn ail, yr oedd o'r farn nad oedd y neuadd newydd yn ateb dymuniadau a gofynion y Cymrodyr, ac yn olaf, yn ôl Defferd, doedd y Cymrodyr ddim yn ystyried fod Institiwt, neu neuadd bentrefol, yn gofeb deilwng i'r bechgyn a laddwyd.

Daeth y cyfarfod i'w derfyn yn fuan wedyn. Cafwyd adroddiad ariannol, neges fer gan y Marcwis, gair neu ddau gan H. R. Davies, Llywydd Undeb Neuaddau Pentrefol Môn, ac yna cyfraniad byr gan weinidogion y cylch. Wedi'r diolchiadau arferol, terfynwyd drwy ganu 'Hen Wlad fy Nhadau' a 'God Save the King'. Ond, cyfraniad James Defferd oedd uchafbwynt y pnawn i sawl un, ac fe gafwyd adroddiad helaeth o'r araith yn y wasg leol yr wythnos ganlynol. Y cwestiwn mawr ar wefusau pawb oedd pam fod dyn mor barchus a chymedrol â James Defferd wedi ei gythruddo cymaint? A pham ei fod wedi dweud y pethau hyn yn y seremoni arbennig hon?

Y trydydd o'r rhesymau, heb os, oedd wedi creu'r anghydfod ac wedi codi'r fath nyth cacwn, oherwydd ers dechrau 1930, roedd y Cymrodyr wedi bod yn ymgyrchu i godi eu cofeb eu hunain yn y pentref. Dyma yn sicr oedd wedi troi'r drol.

Efallai fod y Rhyfel Mawr wedi hen ddarfod – ond roedd brwydr y Cloc ar fin dechrau.

9

CODI'R CLOC

Yn 1929 felly yr ymneilltuodd y Cymrodyr o bwyllgor y Neuadd Goffa, ac ar ddechrau 1930 y cychwynnwyd yr ymgyrch i godi'r Cloc. Ond pam dewis cloc? Am ryw reswm neu'i gilydd y mae Sir Fôn yn llawn o glociau coffa. Codwyd y cyntaf, sef yr un ar y sgwâr yn Llangefni ar ddiwedd Rhyfel y Boer, er cof am y Lefftenant G. Pritchard-Rayner, Tresgawen. Efallai mai Cloc Llangefni fu'r ysbrydoliaeth i'r gweddill, oherwydd, ar ddiwedd y Rhyfel Mawr, fe godwyd clociau yn Rhos y Bol, Llanfechell, Gwalchmai a Rhosneigr. Cloc Llanfair felly fyddai'r chweched ar yr ynys.

Ond, doedd Pwyllgor y Neuadd wrth reswm ddim yn fodlon â hyn, nac ychwaith y Marcwis. Mewn llythyr a ysgrifennodd ryw dro yng ngwanwyn 1930 fe gyhoeddodd

Haf 1932 — y Cloc wrthi'n cael ei godi (Archifdy Môn)

Y Cloc yn y 1930au

yn blwmp ac yn blaen, nad oedd o yn cytuno â'r cynllun o godi Cloc. Mae'n werth dyfynnu'r llythyr yn ei gyfanrwydd.

Plas Newydd
Llanfair P.G.
Isle of Anglesey

Dear Sir,
Llanfairpwll War Memorial
With reference to your letter of the 3rd. of March 1930.
I have considered the question raised very thoroughly and carefully. I cannot agree to the wisdom of Llanfairpwll trying to have two memorials of the two suggestions, viz: Memorial Institute and British Legion. I have come to the conclusion that the completion of the Memorial Institute will be both a finer and more fitting memorial to our comrades who

lost their lives and a more useful one for the district –
I repeat therefore that I cannot support any scheme
which will overlap this. I do most sincerely hope that
the two committees will be able to come to an
agreement on the question. A memorial should be for
and by the united district to the general benefit of the
community and the general remembrance of those
from the district who gave their lives.

Yours faithfully

Anglesey

Ond doedd cyfaddawd bellach ddim yn opsiwn. Roedd y
rhwyg yn amlwg yn un difrifol. Ond pwy oedd prif
gymeriadau'r Legion yn y stori hon? Mae yna ddau neu dri o
gymeriadau amlwg iawn. John Lloyd, Carreg y Gad,
ocsiwnïar lleol, oedd un o'r rhai mwyaf deinamig, ac yn ôl un
englynwr o'r cylch, sef John Owen, Garnedd Wen, yr
ysgolfeistr mae'n debyg:

> Y Legion, mae'n gefn honno, un brawdol
>> Ac ysbrydiaeth ynddo.
> Rwan prysur yn prisio
> A dawn i 'fynd' – dyna fo.

Dau arall selog iawn oedd John Owen, Frondeg, enillydd y
Bathodyn Milwrol, a hefyd Dr Leslie Jones, meddyg y
pentref. Ar ddechrau Mawrth 1930 fe gafwyd erthygl fer yn
y *Clorianydd* yn cyhoeddi'n swyddogol fod Tŵr Amser i'w
godi.

Y TŴR AMSER

Y mae Cymdeithas y Cyn-filwyr ar hyn o bryd yn
symud er codi tŵr coffa a'r awrlais mawr a fydd wedyn
yn safon amser y lle. Ar le amlwg ger Gorsaf y

rheilffordd y codir ef, a bydd arno dabled yn cynnwys enwau'r gwŷr o Lanfair, Llanedwen a Phenmynydd a aeth drosom i'r tu-hwnt mawr.

Y Clorianydd, 5 Mawrth, 1930

Codi arian ar gyfer y fenter oedd y dasg fwyaf, ac mae'r wasg leol, yn y blynyddoedd 1930–1932 yn llawn o hanesion o sut yr aed ati i godi'r £630 a oedd ei angen ar gyfer y gwaith. Cynhaliwyd sawl cyngerdd, sosial, arwerthiant a garddwest. Roedd yna ddigon o amrywiaeth a dychymyg yn y gweithgareddau. Efallai mai'r gystadleuaeth fwyaf uchelgeisiol oedd honno ym Medi 1931 pan enillodd Mr Frank Williams, Llandegfan *'portable wireless set'* a Miss Mary Hand o'r Borth, *'portable gramaphone'*. Erbyn Ionawr 1932, roedd £547 yn y gronfa a: '... bu hatling y weddw mor werthfawr bob tipyn â chyfraniadau cyfeillion mwy cefnog.'

Roedd hi'n amlwg fod gan y Cymrodyr ddawn arbennig i godi arian, ac ar ddechrau 1930, fe ddechreuwyd paratoi ar gyfer y gwaith adeiladu. Robert Pierce, F.R.I.B.A. (1883–1968) pensaer o Gaernarfon, ond brodor o Lanfair yn wreiddiol, gynlluniodd y Gofeb. Mab ydoedd i'r Capten Owen Pierce, Mona Cottage, ac fe'i hyfforddwyd fel pensaer yn Llundain. Roedd hefyd yn artist dawnus, ac yn ystod y Rhyfel Mawr, bu allan yn Ffrainc fel aelod o gatrawd Frenhinol yr Artistiaid – *The Royal Artists Regiment*. Daeth Robert Pierce a'i gynlluniau gerbron Pwyllgor Gweithiol y Cymrodyr ar 29 Ionawr, 1932, a hynny mewn cyfarfod arbennig a gynhaliwyd yn Ysgol y Cyngor. Roedd lleoliad a safle'r gofeb yn fater o bwys mawr. Yn ôl yr adroddiad yn y *Clorianydd* ar 3 Chwefror, 1932: '... bwriadwyd ei osod yn groes-ongl am y meddylid y byddai yn fantais i'r neb a deithiai hyd y ffordd bost weled ei ddau wyneb, ac i'r neb a deithiai yn y trên weled ei ddau wyneb arall.'

Ond y mater mwyaf dadleuol a godwyd ar y noson oedd

THIS little book is published by the Committee of our Local Branch of the British Legion as a souvenir of the Unveiling of their War Memorial, and it forms the keystone of their work, enabling them to-day to declare the Memorial absolutely free of debt.

In the short space of two-and-a-half years £630 has been raised by unstinting efforts, and the widow's mite has been as much appreciated as the more substantial contribution of friends in more affluent circumstances.

The Committee wish to thank all who have helped the movement by their sympathy and practical support. They particularly wish to express their gratitude to the L.M.S. Railway Co. for presenting them with a site suitable for this form of memorial, and to the architect—Mr. R. Pierce, F.R.I.B.A.,—a local ex-service man, who free of all charge designed for us this beautiful Village Clock.

May it at all hours continue to inspire the people of this neighbourhood with the memory of our gallant comrades' sacrifice and thus unite us all in that still greater War for Truth, Righteousness and Peace, till Time with us shall be no more.

CYHOEDDIR y llyfryn hwn gan Bwyllgor ein cangen leol o'r Lleng Brydeinig i ddathlu Dadorchuddio'r Gofeb; a dyma faen clo eu llafur, a roes fodd iddynt heddiw gyhoeddi'r Gofeb yn rhydd o bob dyled.

Yn ystod y tymor byr o ddwy flynedd a hanner casglwyd £630 trwy ymdrech ddiwarafun, a bu hatling y weddw mor werthfawr bob tipyn â chyfraniadau cyfeillion mwy cefnog.

Dymuna'r Pwyllgor ddiolch i bawb a gefnogodd y mudiad â'u cydymdeimlad ac â'u cymorth ymarferol. Carent yn arbennig fynegi eu diolchgarwch i Gwmni'r L.M.S. am gyflwyno iddynt ddarn o dir mewn mangre addas i adeiladu'r math hwn o gofeb, a hefyd i'r pensaer—Mr. R. Pierce, F.R.I.B.A.,—cyn-filwr o'r ardal a gynlluniodd y Cloc Pentref prydferth hwn yn rhad ac am ddim.

Ar bob awr parhaed i ysbrydoli trigolion y fro â'r atgof am aberth ein cymrodyr dewr ac felly i'n huno ni oll yn y Rhyfel mwy dros Wirionedd, a Chyfiawnder a Heddwch,

O'r llyfryn a gyhoeddwyd gan y Cymrodyr

y cwestiwn a ofynnwyd parthed a ellid cael y cloc i daro'r awr? Yn ôl Robert Pierce, fe fyddai cael cloc fyddai'n taro yn llawer mwy costus na'r un oedd ganddo ef dan sylw. Penderfynwyd dilyn cyngor y pensaer. Ar ddiwedd y cyfarfod penderfynwyd symud ymlaen, ac i wahodd tendrau ar gyfer y gwaith. Fe ymddangosodd yr hysbyseb yn y wasg leol yr wythnos ganlynol, ac yn ystod mis Mawrth aeth y pwyllgor ati i wneud eu penderfyniad. Ddiwedd Mawrth cafwyd cyhoeddiad fod y gwaith wedi ei roi i Mr J. Mathew Jones, Aber, Moelfre. Cwta chwe mis a gymrodd yr adeiladwr i orffen y gwaith, gan ddefnyddio calchfaen o un o chwareli Moelfre. Yn fuan wedyn gosodwyd y cloc yn y tŵr – gwnaed y peiriant gan gwmni adnabyddus Joyce o Whitchurch, Swydd Amwythig. Erbyn dechrau Medi roedd y cyfan wedi ei gwblhau, ac aeth y pwyllgor ati i drefnu'r dadorchuddio swyddogol ar gyfer yr 8fed o Hydref, ac ychydig ddyddiau cyn yr agoriad swyddogol cafwyd ychydig o hanes y pensaer, a'i gampwaith yn y *Clorianydd* gan ohebydd dienw (ond John Owen, Garnedd Wen, mae'n debyg oedd yr awdur).

Y CLOC – Dylem dalu gwrogaeth i Mr Robert Pierce o Gaernarfon – ond bachgen a anwyd ac a fagwyd ym Mhwllgwyngyll – am y gwaith artistig a wnaeth wrth gynllunio'r cloc. Mae rhywbeth yn blaen ac urddasol ynddo, a gall ddyn ddal i sythu arno. Canfyddir ar unwaith fod y sawl a gynlluniodd hwn wedi sylwi yn feddylgar ar geinder a grymuster gwaith architects gorau'r oes ym Mhrydain a'r Cyfandir. Gallasai fod fel arall – yn grand ond yn ddi-chwaeth. Pe ceid yr L. M. & S. i wneud y gongl gyferbyniol wrth y fynedfa i'r orsaf yn debyg i'r un y saif y cloc arni, byddai yn addurn i'r lle ac yn fynedfa eithriadol o dlws i orsaf y rheilffordd – yr orau ym Môn.

Y Clorianydd, 5 Hydref, 1932

Dadorchuddio'r Cloc

Ar waelod y Cloc roedd cwpled o waith y bardd Meirionfab, sef Richard Davies, Llanfaelog (1873–1950), wedi ei naddu yn gywrain ar y garreg. Roedd y cwpled hwn gyda llaw, eisoes wedi ei ddefnyddio ar gofeb arall ym Môn – sef ar y Cloc yn Rhosneigr, ac mae'n debyg fod y bardd yn reit ddig wrth bobl Llanfair am hyn, gan fod y darn wedi ei ddefnyddio heb ganiatâd. Ysywaeth mae'n gwpled cynnil a gafaelgar.

> Nid diwerth eu haberth hwy, -
> Meini ydynt mewn adwy.

Cyfarfod eithaf syml a dirodres (er yn stormus efallai), a gafwyd pan agorwyd y Neuadd Goffa yn 1930. Gwahanol iawn fu dadorchuddio'r Gofeb, ac yr oedd hyn wrth reswm yn cyd-fynd yn berffaith â'r prif reswm pam y codwyd y Cloc yn y lle cyntaf. Doedd y cyn-filwyr ddim yn teimlo fod Neuadd Goffa yn ddigon amlwg nac ychwaith yn gofeb ddigon teilwng i'r bechgyn a gollwyd.

Ar brynhawn Sadwrn, 8 Hydref, 1932 cafwyd seremoni liwgar, llawn rhwysg. Roedd tyrfa fawr ar y stryd, gan gynnwys oddeutu cant o gyn-filwyr o Lanfair a'r cylch, Llangefni, Malltraeth a Phorthaethwy – y cyfan dan arweiniad Mr W. Schubert Jones, Llwyn Onn. Roedd dau o weinidogion amlwg yn flaenllaw yn ystod y pnawn, sef Cynan a'r Parch. M. R. Smith, Llanfairfechan – dau a wasanaethodd yn y Rhyfel Mawr. Dechreuwyd drwy osod baner cangen leol y cyn-filwyr wrth droed y Gofeb, ac yna fe ganwyd yr emyn gyntaf. Yn dilyn hyn fe ddarllenodd Cynan ran o Eseia Xl, ac fe ganwyd 'O fryniau Caersalem'. Y Milwriad O. H. Stanley a ddadorchuddiodd y llen oddi ar yr enwau. Emyn arall, ac yn dilyn hyn daeth dau gyn-filwr lleol at y Cloc a gosod blodeudorch; y ddau oedd W. Hughes D.C.M. a William Williams. Yna cafwyd y 'Last Post', y fendith a'r 'Reveille'. Cafwyd un emyn Saesneg i gloi'r cyfan – 'O God our help in ages past'. Yn dilyn y seremoni fe gafwyd gwledd – a hynny, nid yn y Neuadd Goffa, ond yn hytrach, yn neuadd Sefydliad y Merched. Arwydd pellach o'r rhwyg difrifol a fodolai yn y pentref.

Gwasanaeth 8 Hydref, 1932

Gweddïau *(Prayers).*

Emyn.

Ysbryd Duw, a fu'n ymsymud
Dros ddyfnderau'r tryblith mawr
Nes dwyn bywyd a phrydferthwch
Allan i oleuni'r wawr,
Dros ein byd afluniaidd heddiw
Chwyth drachefn, O Anadl Iôr,
Nes bod heddwch fel yr afon
A chyflawnder fel y môr.

Ysbryd Duw, yng nghwlwm cymod
Ac yn rhwymau'r Cariad Rhad
Cydia galon mwy wrth galon
Cydia wlad ynghlwm wrth wlad ;
Dyro inni edifeirwch
Am bob cas a balchter gau ;
Côd ein trem uwch ffin pob teyrnas
At y Deyrnas sy'n parhau.

Ysbryd Duw, er mwyn y beddau
Ar bellennig fryn a phant,
Ac er mwyn calonnau ysig,
Ac er mwyn ein hannwyl blant,
Ac er mwyn yr Hwn weddïodd
Dros elynion dan Ei glwy,
Tro'n hwynebau i Galfaria
Fel na ddysgom ryfel mwy.

CYNAN.

Cyflwyno'r Flodeudorch *(Laying of the Wreath).*

Last Post.

Y Fendith.

Reveille.

Hymn.

O God, our help in ages past,
Our hope for years to come,
Our shelter from the stormy blast
And our eternal home.

Before the hills in order stood,
Or earth received her frame,
From everlasting Thou art God,
To endless years the same.

Under the shadow of Thy throne,
Thy saints have dwelt secure ;
Sufficient is Thine arm alone,
And our defence is sure.

A thousand ages in Thy sight
Are like an evening gone,
Short as the watch that ends the
Before the rising sun. [night

O God our help in ages past,
Our hope for years to come,
Be Thou our guard while troubles last,
And our eternal home.

ISAAC WATTS.

60

10

Y RHWYG

Pam felly y cafwyd y fath rwyg, a beth oedd y tu ôl i'r holl ffraeo a'r dadlau yn y blynyddoedd ar ôl 1918? Fe fyddai rhywun yn tybio y byddai heddwch wedi uno trigolion y pentref, ac y byddai pawb wrthi fel un er mwyn parchu coffadwriaeth y rhai a gollwyd, a hefyd er mwyn gwneud yn siŵr y byddai'r wlad yn un addas ar gyfer yr arwyr a ddaeth adref. Ond nid felly y bu pethau. Blynyddoedd o anghydfod a checru a gwrthdaro fu'r blynyddoedd hyn. Ond beth yn union oedd wrth wraidd yr holl ffraeo? Ai dwy genhedlaeth ddaeth benben â'i gilydd? Mae hon wrth gwrs yn hen stori ac yn hen thema, ac roedd yna, heb os, densiynau amlwg yn bodoli yn ystod y cyfnod hwn rhwng y cyn-filwyr a'r rhai na chymerodd ran yn y brwydro, ac fe grisialwyd y tensiwn hwn yn effeithiol iawn gan yr awdur Henry Williamson.

> Those at home, sitting in armchairs, and talking proudly of Patriotism and Heroism, will never realise the bitter contempt and scorn the soldiers have for these and other abstractions; the soldiers feel they have been betrayed by the high-sounding phrases that heralded the War, for they know that the enemy soldiers are the same men as themselves, suffering and disillusioned in exactly the same way.
>
> *Henry Williamson, The Wet Flanders Plain*

Neu, ai gwrthdaro gwleidyddol sydd yma? Ai gwrthryfela a wnaeth y Cymrodyr a'u cyfeillion yn erbyn yr 'hen drefn' – yn erbyn pwyll a pharchusrwydd dynion y capeli, ac yn erbyn grym y Blaid Ryddfrydol a'r 'Sefydliad Ymneilltuol' ym Môn? Wedi'r cyfan, dyma'r cyfnod pan welwyd ymddangosiad y Blaid Lafur ar yr ynys, ac yna oddeutu 1932, fe sefydlwyd cangen o blaid newydd arall yn Llanfair – sef Plaid Genedlaethol Cymru. Roedd dyddiau'r hen Blaid Ryddfrydol yn prysur ddirwyn i ben. Ond tybed, a'i gor-gymhlethu sefyllfa y mae rhywun? Efallai mai ffrae rhwng ychydig o unigolion penstiff sydd yma – a bod y ffrae honno wedyn wedi mynd allan o reolaeth? Pwy a ŵyr?

Ond mae un peth yn glir – y mae 1932 yn flwyddyn ddiddorol dros ben yn hanes Llanfair. Roedd yna gynnwrf yn y fro. Ym mis Mai'r flwyddyn honno, fe chwalwyd rhan helaeth o stad y Marcwis – stad fwyaf yr ardal. Gwerthwyd nifer fawr o'r ffermydd, y tyddynnod a thai'r stad i drigolion y cylch. Am y tro cyntaf ers canrifoedd roedd rhai ffermwyr, tyddynwyr, ac eraill, yn gallu byw fel dynion hollol rydd. Prynwyd y Gors gan y Cyngor Plwyf a'i droi'n gae chwarae ar gyfer y plant. Roedd y cyfan ar un ystyr yn chwyldroadol ac yn wirioneddol gyffrous. Dros nos, daeth proses hanesyddol a ddechreuwyd yn ystod yr Oesoedd Canol, i ben.

O edrych yn ôl felly, gwelwn fod y cyfnod rhwng 1914 ac 1932, yn flynyddoedd llawn cynnwrf a gwrthdaro. Mae hwn yn gyfnod arwyddocaol iawn yn hanes cymdeithasol Llanfair a'r cylch. Er bod y Rhyfel Mawr ar un ystyr wedi uno'r gymdeithas, roedd hi'n amlwg erbyn y 1920au fod digwyddiadau 1914–1918 hefyd wedi creu tensiynau, rhaniadau a rhwygiadau o bob math.

Ond fe erys un cwestiwn. A oes yna arwyddocâd arbennig felly i'r englyn a gerfiwyd ar y garreg goffa ar wal y Neuadd Goffa, sef englyn enwog R. Williams Parry:

O gofadail gofidiau – tad a mam!
Tydi mwy drwy'r oesau
Ddysgi ffordd o ddwys goffáu
Y rhwyg o golli'r hogiau.

neu – ai cyd-ddigwyddiad llwyr oedd hyn?

11

YR ENWAU COLL

Cwestiwn y mae pobl yn aml yn ei ofyn yw, faint o ddynion a bechgyn y pentref a'r plwyfi cyfagos a laddwyd yn y Rhyfel Mawr? Yn rhyfedd iawn, mae hwn yn gwestiwn anodd iawn ei ateb. Un canfyddiad clir y deuthum iddo wrth ymchwilio'r llyfr hwn oedd y ffaith mai anghyflawn ac annibynadwy yn aml yw'r wybodaeth sydd i'w gael ar gofebau'r Rhyfel Mawr. Mae'r cofebau cyntaf yn y pentref yn nodi enwau chwech ar hugain o'r bechgyn a laddwyd. Ond, erbyn 1932, mae mwy o enwau'r bechgyn a gollwyd yn ymddangos. Ar y Cloc Coffa ceir enwau 26 o Lanfair, dau o Lanedwen a phump o Benmynydd – cyfanswm felly o 33. Ond, y mae yna hefyd fwy o enwau y dylid efallai eu cynnwys ar gofebau'r pentref. Mae ymchwil yn dangos fod yna oddeutu tri ar ddeg o enwau ar goll o'r rhestr swyddogol. Yn eu plith y mae tri aelod o'r un teulu – teulu Jones, Maenafon.

Y Capten William Jones, Maenafon, 56 oed. Mab ydoedd i William ac Elizabeth Jones Llanfair. Roedd yn briod ag Ellen Jones. Bu'r teulu hefyd yn byw yn 15 Stryd Adelaide, Poulton, Wallasey am gyfnod. Capten llong yn y Llynges Fasnachol oedd William Jones, ac ar 7 Mai, 1918, fe suddwyd ei long, yr *SS Princess Dagmar* gan long danfor U-54 yn Sianel Bryste. Roedd y *Princess Dagmar* yn cario glo o Dde Cymru, ac ar ei ffordd o Abertawe i Ffrainc. Mae ei fedd ym mynwent eglwys y plwyf.

Morwr hefyd oedd ei fab, **Sub Lieutenant R. W. Jones**. Roedd yn aelod o'r Dover Patrol, ac fe'i lladdwyd ar 21 Chwefror, 1917. Roedd yn 28 oed. Mab arall oedd y **Preifat J. H. Jones**, aelod o'r Ffiwsilwyr Cymreig, a laddwyd ar 13 Gorffennaf 1916, ac mae wedi ei gladdu ym mynwent

Carreg Coffa'r Capten William Jones a'i ddau fab

Etaples. Roedd yn 22 oed. Mae marwolaethau'r tad a'r ddau fab yn cael eu cofnodi ar garreg fedd y teulu ym mynwent yr eglwys. Rwyf bron yn sicr hefyd fod y tri wedi cael eu cofnodi ar gofeb Wallasey. Ond, pam tybed fod enwau'r tri yma ar goll ar gofebau swyddogol y plwyf?

Un arall y dylid ei ystyried yw'r **Preifat Joseph Davies**, sef mab Elis Jones Davies a'i wraig Margaret. Bachgen a aned yn y pentref oedd Joseph Davies, ond fe symudodd y teulu i ardal Bwlchgwyn ger Wrecsam. Fe'i lladdwyd ar 25 Medi, 1915, ac fe'i claddwyd yn Loos, Ffrainc.

Un arall a laddwyd yn gynnar iawn yn y brwydro oedd yr **Is-Gorporal William Cox**. Cafodd ei fagu a derbyniodd ei addysg gynnar yn Llanfair cyn i'r teulu symud i rif 30 Stryd Albert ym Mangor. Bu farw ar 21 Awst, 1915 ym mrwydr Gallipoli. Mae ei enw yn un o'r 21,000 sy'n cael eu cofnodi ar Gofeb Helles. Fe'i cofir hefyd ar gofeb dinas Bangor.

Mab cyn-reithor y plwyf, sef y Parchedig David Jones, oedd y **Lefftenant David William Llewelyn Jones**. Fel William Cox, cafodd y gŵr yma hefyd ei addysg gynnar yn Ysgol Genedlaethol Llanfair. Fe'i lladdwyd ar 1 Gorffennaf, 1916, sef diwrnod cyntaf brwydr y Somme. Roedd yn 21 mlwydd oed. Mae ei enw ar gofeb tref Penmaenmawr.

Mab Robert a Mary Owen, Tyn y Coed, Pentre Berw oedd y **Preifat Robert Owen**. Yn fachgen ifanc bu'n gweini ar fferm Garnedd Ddu, Star. Ond, rai blynyddoedd yn ddiweddarach, ymfudodd i Ganada. Pan dorrodd y rhyfel allan, fe ymunodd Robert Owen â Chatrawd Manitoba, a oedd yn rhan o fyddin Troedfilwyr Canada. Bu farw ar 4 Ebrill, 1917, wrth ymosod ar Esgair Vimy. Roedd yn 25 oed. Mae ei enw ar gofeb y Gaerwen.

Morwr a aned yn Llanfair oedd **Able Seaman William Owens**. Roedd yn fab i Thomas a Jane Owens. Ar 27 Mehefin, 1918, roedd ar fwrdd y *Llandovery Castle*, sef llong ysbyty yn perthyn i Lywodraeth Canada, pan suddwyd hi gan dorpido a daniwyd gan long danfor Almaenaidd, yr SM U-86.

Suddodd y llong o fewn 10 munud, ond fe lwyddodd y criw a'r nyrsys, i gyrraedd y badau achub yn llwyddiannus. Ond, ar hyn fe ddechreuodd swyddogion yr U-boat holi'r criw ynglŷn â'r honiad eu bod yn cario arfau i Brydain. Yn dilyn hyn fe ddechreuodd yr Almaenwyr danio ar y badau achub. Un bad a lwyddodd i ddianc yn ddiogel. Roedd 24 yn fyw, ond fe gollwyd 234 o bobl yn dilyn y digwyddiad erchyll hwn. Roedd yr achos hwn yn un o'r digwyddiadau gwaethaf o'i fath, ac fe arweiniodd at achos llys ar ddiwedd y rhyfel. Methwyd a chael gafael ar gapten y llong danfor, Helmut Patzig, ond rhoddwyd dau swyddog arall, sef Ludwig Dithmar a John Boldt, o flaen eu gwell. Fe'u cafwyd yn euog, a chawsant ddedfryd o bedair blynedd yr un yn y carchar. Ond, rhywsut neu'i gilydd, fe lwyddodd y ddau i ddianc tra ar y ffordd i'r carchar. Roedd William Owens yn 41 mlwydd oed ar y pryd. Mae ei enw ar gofeb y Llynges Fasnachol yn Tower Hill, Llundain.

Brodor o Lanegryn, Sir Feirionnydd, oedd y **Preifat David Griffith Roberts** a fu'n byw ac yn gweithio yn Llanfair yn ystod cyfnod y rhyfel. Roedd yn aelod o Gatrawd De Swydd Caerhirfryn (sef y Corfflu Llafur). Roedd yn un o'r criw fu'n gweithio gyda'r tractors a anfonwyd i'r ardal. Tra yn y pentref bu'n lletya yn Alma Terrace. Bu farw o'r ffliw ar 7 Ionawr, 1919, ac y mae wedi ei gladdu ym mynwent eglwys Llanegryn.

W. Hughes, Lodge Lledwigan, Llangefni. Fe symudodd y teulu o Ledwigan i Lanfair tua diwedd y rhyfel. Ymunodd â'r 15fed Bataliwn o'r Gatrawd Gymreig, a bu farw ar 28 Ebrill 1918. Credaf fod ei enw wedi ei gofnodi ar gofeb tref Llangefni.

Morwr oedd **Tommy Williams**, Bryn Salem. Bu farw o afiechyd, a hynny ar fwrdd yr *HMS Teutonic* yn ystod Hydref 1919, tra ar ei ffordd gartref i Lanfair. Rwyf wedi methu canfod unrhyw gofnod o Tommy Williams ar gofeb gyhoeddus.

Y Preifat R. T. Williams. Aelod o 19eg Bataliwn y R.W.F. Bu farw ar 14 Mai, 1917, ac mae wedi ei gladdu yn rhanbarth de-orllewinol hen fynwent yr eglwys.

Y Lefftenant R. B. Williams. Roedd y gŵr hwn yn aelod o'r Westmoreland and Cumberland Yeomanry. Bu farw ar 13 Ionawr, 1918, ac y mae wedi ei gladdu ym mynwent eglwys Llanedwen.

Carreg fedd Robert Thomas Williams

Dyma felly dri ar ddeg o fechgyn a dynion y fro a syrthiodd yn y Rhyfel Mawr, ac fe fyddai trigolion yr ardal yn siŵr o fod yn eu hadnabod yn dda. Ond, pam nad yw enwau'r rhain wedi cael eu cofnodi ar y cofebau lleol? Roedd gan bob un ohonynt gysylltiad agos â'r pentref – roedd rhai wedi eu geni yma, ambell un wedi bod yn ddisgybl yma ac roedd eraill wedi byw a gweithio yn y cylch. Ond, nid oes sôn amdanynt ar gofebau'r pentref. Ai teuluoedd y dynion hyn wnaeth y penderfyniad i beidio rhoi'r enwau ar y cofebau lleol? Neu, ai esgeulustod sydd yma? Ai wedi mynd yn angof a wnaeth yr enwau hyn? Pwy a ŵyr? Mae'n debyg na chawn ni fyth wybod yr ateb i'r cwestiwn dyrys hwn bellach.

12

DIWEDDGLO

Pa effaith felly gafodd y Rhyfel Mawr ar y gymuned fechan hon?

Y canlyniad mwyaf amlwg heb os oedd y colledion, a'r 'rhwyg o golli'r hogiau'. Fel y gwelsom eisoes, bu farw oddeutu hanner cant o ddynion a bechgyn yr ardal, a heb os, fe fyddai'r marwolaethau hyn wedi cael cryn effaith ar y gymuned am flynyddoedd lawer wedi 1918. Gwelsom hefyd fod sawl un a ddaeth adref yn fyw o'r gyflafan wedi dioddef anafiadau corfforol a meddyliol difrifol. Fe fu'n rhaid i'r dynion hyn ddioddef yn dawel, a hynny weithiau am ddegawdau lawer, a chan nad oes yna'r un gofeb yn cofnodi aberth y dynion hyn, ni wyddom i sicrwydd faint ohonynt oedd yna.

Ond o leiaf, pan dawelodd y gynnau yn Nhachwedd 1918, fe ddaeth yna o'r diwedd ychydig o obaith i'r tir. Roedd sawl un o'r farn mai'r rhyfel hwn fyddai'r rhyfel olaf mewn hanes. Fyddai rhyfel byd byth yn digwydd eto, neu dyna o leiaf oedd gobaith Lloyd George. Pan gyflwynodd adroddiad yn esbonio telerau'r Cadoediad yn y senedd ar fore 11 Tachwedd, 1918, fe orffennodd ei araith gyda'r geiriau canlynol:

> Thus at eleven o'clock this morning came to an end the cruellest and most terrible War that has ever scourged mankind. I hope that we may say that thus, this fateful morning, came to an end all wars.

I ni sydd wedi byw yn y cyfnod wedi 1918, gwyddom bellach mai breuddwyd gwrach oedd hyn i gyd. Yr ugeinfed ganrif mae'n bur debyg, oedd y ganrif fwyaf gwaedlyd a rhyfelgar yn hanes y ddynoliaeth. Megis dechrau yr oedd pethau yn 1918.

Ond, yn dilyn arwyddo'r Cadoediad a dathlu'r Heddwch, y cam nesaf i Lloyd George a'r gwleidyddion oedd croesawu'r bechgyn yn ôl a cheisio gwneud y wlad yn wlad a fyddai'n addas ar gyfer arwyr. Mewn araith yn Wolverhampton ar nos Sadwrn y 23ain o Dachwedd fe amlinellodd y gwaith mawr oedd o'i flaen. 'What is our task?' gofynnodd y 'dyn a enillodd y rhyfel'. A'r ateb, 'To make Britain a fit country for heroes to live in.' Aeth yn ei flaen i ymhelaethu ychydig: 'There are millions of men who will come back. Let us make this land fit for such men to live in.' Beth oedd hyn yn ei olygu? Yn syml, gwella ansawdd bywydau'r werin; adeiladu cartrefi newydd; creu mwy o waith a gwella'r gyfundrefn addysg. Roedd miliynau o drigolion y wlad bellach yn grediniol fod dyddiau blin yr hen oesoedd wedi diflannu am byth, a bod y Jerusalem newydd ar y gorwel.

Ond, ni wireddwyd y freuddwyd. Yn y lle cyntaf, roedd dyledion y wlad wedi cyrraedd lefelau dychrynllyd o uchel. Cyn gwneud dim i wella bywydau'r milwyr a'u teuluoedd, roedd yn rhaid mynd ati ar fyrder i dalu dyledion i'r bancwyr tramor. Banciau Americanaidd oedd y rhain yn bennaf, ac ni lwyddwyd i dalu'r dyledion hyn yn ôl tan 1968. Yn y cyfamser, fe ddechreuodd Dirwasgiad y 1920au a'r 1930au frathu. Torrwyd ar

PRIS RHYFEL.

Yn ol y cyfrif diweddaf roddwyd gan Mr Bonar Law, mae y rhyfel yn costio i Brydain y swm anferth o £7,260,000 bob dydd

Nis gall y gwerinwr sy'n gorfod bod yn ofalus iawn am ei gyflog fechan wythnosol ddychmygu faint yw £2,649,900,000 y flwyddyn. Mae y llog am hyn, yn ol telerau y War Loan diweddaf, yn hawlio £139,119,750 y flwyddyn; £381,150 y dydd; neu £2,650 bob munud. Cyst y rhyfel i ni ar hyn o bryd £64 bob eiliad. Ar yr arian hynny gellid adeiliadu ty clyd a'i ddodrefnu bob chwech eiliad, neu ddeg ty bob munud, neu 14,400 o dai bob dydd. Pe mynnem roddi pris un diwrnod o ryfel at hynny, gallem gymeryd 72,000 o bobl deilwng sydd wedi eu colledu trwy y rhyfel yma a'u rhoddi i fyw yn rhad ac am ddim yn y tai a adeil edid. Nid yw cyflog yr holl Aelodau Seneddol am flwyddyn ond cyfartal i swm sydd yn ddigon i dalu am awr a deng munud o ryfel. Mae swm anferth yn cael ei dalu yn flynyddol am Labour Exchanges, National Insurance, a Phensiwn i Hen bobl—ond nid yw y swm yma ond digon i dalu am y rhyfel am ddau ddiwrnod a thair awr.

Am bris wythnos o ryfel gellid darparu dros 250 o Sanatoria i ymladd y darfodedigaeth am £200,000 yr un; neu dros gant o Brifysgolion am £500,000 yr un: neu dros bum cant o Libraries cyhoeddus ar hyd y wlad am £100,000 yr un.

Os nad yw'n bosibl i ddirnad pris y rhyfel, fe ellir ei fesur i wahanol gyfeiriadau ar bapur. Ond pan welwn fod colledion byddin Prydain am yr wythnos olaf o fis Fawrth yn 8,611—tua tair mil ohonynt wedi eu lladd—pwy all fesur y pryder a'r gofid achosir yn y gwahanol wledydd oherwydd y rhyfel?

Mae amynedd cenedloedd yn fawr!

PLEBEIAN.

Llythyr — beth yw pris rhyfel?

wariant cyhoeddus, a dechreuodd diweithdra gynyddu. Erbyn dechrau'r 1930au roedd bron i 40% o weithwyr Ynys Môn yn ddi-waith. O ganlyniad, rhwng 1921 ac 1931, aeth poblogaeth Llanfair i lawr o 992 i 912. Gorfodwyd nifer i adael yr ynys a mynd i chwilio am waith yn rhai o ddinasoedd mawr Lloegr. Aeth eraill i wledydd tramor dros y môr. Unwaith eto, roedd dadrithiad i'w ganfod ar bob cwr. Dechreuodd sawl un, fel Percy Hughes o'r Talwrn, gwestiynu'r hyn a oedd wedi digwydd. Mewn cerdd o'r flwyddyn 1931, mae'n creu darlun digalon o'i gofeb leol ar Ddiwrnod y Cofio.

> Arni mae'r haul yn bwrw'i belydrau,
> Gan wasgar haf drwy y wlad;
> Ac arni mae plentyn yn gweled drwy ddagrau
> Enw annwyl ei dad.

> Ati daw rhywrai gan wisgo rubanau,
> I ddiolch am Brydain a'i nerth;
> Ac ati daw milwr di-waith yn ei garpiau,
> I holi 'a ydoedd yn werth'.

Yn y cyfnod hwn fe gafwyd yr ail rwyg difrifol o fewn y gymuned – a'r tro hwn fe rwygwyd y gymdeithas gyfan. Datblygodd rhwyg rhwng yr hen a'r ifanc; rhwng y cynfilwyr, a'r rhai a arhosodd gartref. Oherwydd pregethau rhyfel John Williams, Brynsiencyn, dechreuodd rhai pobl gefnu ar y capeli. Oherwydd gweithrediadau Lloyd George, fe ddechreuodd yr hen Blaid Ryddfrydol golli grym a dylanwad. Ymunodd sawl un â'r Blaid Lafur newydd, rhoddodd eraill eu cefnogaeth i Gynghrair y Cenhedloedd, a gwelwyd eraill yn ymrestru yn rhengoedd Plaid Genedlaethol Cymru. Gydag ymddangosiad Sefydliad y Merched, fe ddaeth y merched yn rym yn y pentref.

Yna, yn 1939, fe ddechreuodd yr Ail Ryfel Byd. Am yr eildro o fewn cenhedlaeth, aeth y byd i gyd yn wenfflam, ac am yr eildro o fewn cof, aeth dynion a bechgyn y fro unwaith yn rhagor allan i ymladd i bedwar ban byd.

Cyfrol arall o ddiddordeb am y Rhyfel Mawr:

Addasiad Lyn Ebenezer

LLEISIAU'R RHYFEL MAWR
Ifor ap Glyn

Hanesion o'r rhyfel gan rai fu'n llygad-dystion ac yn rhan o'r profiadau – drwy gyfrwng llythyrau, erthyglau papurau newydd a dyddiaduron personol

£7.50 Gwasg Carreg Gwalch